投资和你想的
不一样

史林东
著

 中国商业出版社

图书在版编目（CIP）数据

投资和你想的不一样 / 史林东著. -- 北京：中国商业出版社，2020.7

ISBN 978-7-5208-1179-8

Ⅰ.①投… Ⅱ.①史… Ⅲ.①投资－研究 Ⅳ.① F830.59

中国版本图书馆 CIP 数据核字（2020）第 104135 号

责任编辑：侯静 杜辉

中国商业出版社出版发行

010-63180647 www.c-cbook.com

（100053 北京广安门内报国寺1号）

新华书店经销

三河市长城印刷有限公司印刷

*

880 毫米 ×1230 毫米 32 开 5.5 印张 175 千字

2020 年 7 月第 1 版 2020 年 7 月第 1 次印刷

定价：48.00 元

****

（如有印装质量问题可更换）

序

2019年9月9日，当时我在肯尼亚国家公园的帐篷酒店决定开设一个自己的公众号——东哥势角（写10年），只是想随意写点东西，而这本书就是"东哥势角"的主线：投资教育。提到"投资"，人们自然而然就会想到股票、基金、保险或房地产。在我看来，投资包括这些但又不限于这些，投资是一个宽泛的概念。投资不仅仅是理财，还包括创业、天使找项目、合伙做生意等。用一句话来说，投资就是寻找价值并放大价值，让这个价值变得稀有，从而产生收益。

这个"价值"既可以是金钱变现和增值的能力，也可以是个人认知和突围的思维能力。

无论是金钱的增值能力还是个人的增值能力，都源于一种思维：无论钱如何增值都是一种工具，而个人的增值能力则代表使用钱这个"工具"的能力。

马克思主义政治经济学原理明确指出：经济基础决定上层建筑。将这个观点落实到个人身上，那么个人的能力就是经济基础，上层建筑则是个人呈现出来的状态。所以，投资就是投资自己，让自己增值以后再投资其他方面实现金钱的增值。因为投资自己产生的价值,远远不止金钱。管理学大师彼得·德鲁克曾经说过:个人专长的寿命,要远远长于企业的寿命,将个人的风格与能力形成特色,使自己具有不可替代的价值。投资自己,把自己当作资产不断地增值,这也是一种投资思维。

很多人一生都在平庸中度过,不敢进行任何尝试,也有很多人局限于自己的认知状态中踌躇不前。导致这样的原因很多,比如成长背景、个人所持有的价值观,以及反脆弱能力,学识和思维等,都会影响一个人对财富的看法,从而也影响一个人对投资的需求和信心。

衡量一个人的思维是否清晰,可以看他的头脑中有多少清晰而准确的概念,对这些概念之间的关系,是否具备足够正确的把握。任何认知都是阶段性的,都需要不断地思考,并在实践中不断地修正。对于"投资"更是如此,投资的成功与否和一个人的认知见识、思维方式有关,也和环境及市场有关,所以,想要做好投资,离不开学习。投资是经济活动的风向标,值得我们每一个人去了解和学习,来提升我们的经济学认知,以便在这个复杂的社会中,做一个看得懂形势和未来的人。

因此,《投资和你想的不一样》这本书,不是讲解大众意义上所理解的如何投资理财,也不是讲解如何投资股票、房地产、基金保险、古董收藏等,而是讲一种思维和"势角"。如果投资产品是技法,那么思维和"势角"就是指导思想。当一个人掌握了投资的思维和"势角"以后,自然会利用思维理论去指导方法和技术,做到先提升自己的认知能力,再学会如何投资。

本书主要讲解什么才是真正的投资,如何正确地理解投资等问题。影响投资的首先是观念,其次是大的投资环境以及在具体操作方面对风险的识别,书中还讲解了投资要解决的问题是如何做到在哲学层面的知行合一的。

懂得投资,善于投资的人,他们的生活往往有着更好的品质与保障。因此,投资是一种对自己、对伴侣、对家人都有益处的行为。

真正的好生活来自于物质的富足与心灵的充盈,两者相辅相成。学会投资,获得的不仅仅是金钱的增长,同时也会让心情变得更加喜悦。

生命的价值在于,你把多少时间用在真正有意义的事情上。我认为做对的事情比把事情做对更重要,越早为你的人生做规划,你就拥有越多机会与可能。生活中随处可闻有人通过投资获得了更幸福的生活,既然他们能做到,为什么下一个不能是你?选择投资,就是规划成功人生。

我自身通过学习改变了很多生活观念,尤其是通过阅读大量的哲学书籍,明白了投资的真正含义和价值。再者,通过去世界各地旅游,在拓宽眼界的同时,也明白了投资的重要性。如果有梦想,我们就要捍卫她。而如何让梦想照进现实?投资是第一步。

目录

心法篇：投资和财富的秘密

第一章
财富受哪些因素影响 / 3
穷人和富人的区别是什么 / 4
哲学意义上的财富 / 8
巴菲特和索罗斯的投资差异 / 12

第二章
投资思维 / 15
投资只要月亮，不要星星 / 16
新时代下，投资路在何方 / 20
看得远、熬得住、学得好 / 23

第三章
投资规律 / 29
财富有规律，投资有周期 / 30
风口重要，飞起来不摔更重要 / 34
财富八大层级属性和特点 / 38

第四章
投资影响 / 43
思维不同对投资的影响 / 44

圈层不同对投资的影响 / 48

能量不同对投资的影响 / 52

对策篇：投资不仅仅和钱有关

第五章
精进：学习型为基础 / 59
持续不断的洞察力和学习力 / 60

正确的投资心态和风险把控力 / 63

反脆弱力和抗压力 / 66

第六章
生存：信用型为工具 / 71
信用是投资衍生财富的根基 / 72

全民信用时代已经来临 / 74

守护好自己的征信是财富的根基 / 77

第七章
传承：家族型为目标 / 81
投资不但保护家庭，还要保护家族 / 82

投资要打破"富不过三代"的魔咒 / 86

家族传承与投资管理新思维 / 89

操作篇：投资绕不开的话题

第八章
识别投资风险 / 95

初始阶段要理解风险 / 96

中级阶段会识别风险 / 99

实施过程中能控制风险 / 102

第九章
识别投资方法 / 105

投资中的创业者与投资人 / 106

投资中的天使和风投 / 109

投资中的 PE 与 IPO / 112

第十章
识别投资成本收益 / 117

投资中的成本 / 118

投资中的收益 / 120

理性投资与感性投机 / 123

哲思篇：投资哲学的知行合一

第十一章
个人修为与投资的关系 / 129
行为习惯决定投资成败 / 130

投资的终极问题是舍与得 / 133

投资收获来自知识和联结 / 136

第十二章
个人投资策略和方法 / 139
确立投资目标是关键 / 140

积累资本与节俭生活 / 143

操控金钱还是被金钱操控 / 146

第十三章
投资的最终目标 / 151
投资的真正目标是规划未来 / 152

最好的投资是实现个人价值增长 / 157

完全实现财富自由 / 161

后 记 / 164

参考资料 / 166

心法篇：
投资和财富的秘密

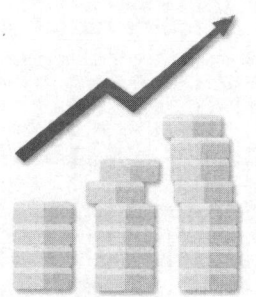

第一章
财富受哪些因素影响

穷人和富人的区别是什么

如果就"穷人和富人的区别是什么"这个话题来讨论,我相信,会有各种各样的答案。比如社会地位、拥有财富的多寡,做事情的思维方式,对金钱的价值思考,以及投资盈利的不同领域和方法,等等。

这些都是造成穷人和富人的因素,但真正拉开贫富差距的是什么呢?

第一,贫富区别的核心是基因。

贫穷基因和富贵基因是两个对立的属性,分别代表了两个方向,从而决定了人生未来的发展有天壤之别。这个基因,说得直白些就是"心量",如果是贫穷心量,即便腰缠万贯、良田万顷,也是暴发户风光一时。如果是富人心量,哪怕倾家荡产、身陷囹圄,也迟早会东山再起,再创辉煌。

"贫穷"虽是一个词组,但却表述各异。"贫"是匮乏、不足的意思。"穷"指金钱或物质的稀缺。贫穷是相生相克互为因果的关系,因为内在贫乏,致使穷困潦倒,穷途末路。反之因为被穷所困,则无暇填补匮乏,形成恶性循环。这种恶性循环的贫穷环境,会造成贫穷基因的"匮乏感和不安全感"。

有这样一个案例,有一个贪官租了一个平房专门用来放钱和金条，满屋子的钱却一分钱都不敢用，生活依然过得非常简朴，节衣缩食，直到有一天发现放在屋里的钱被小偷偷去大半。先不论此案例的真伪，从租房存放现金来看，足见这人心中的"不安全感"。他不敢把钱拿来投资，更不敢把钱放在银行或信托等地方。从来不敢花钱，也是贫穷心量在作祟，爱钱、惜钱又怕钱。这就是典型的贫穷基因。

贫富的基因不是由多少财富决定的，而是由家风文化传承、学识和经历的累积，以及人生的经验和感悟等综合因素，所形成的一种价值观，以及人生观和世界观。

第二，穷人和富人的区别来自思维。

曾经有一个英国纪录片《56UP》，选择了不同阶层的十几个孩子进行跟踪拍摄，每七年记录一次。从7岁开始，14岁，21岁，28岁，35岁，42岁，49岁，一直到56岁。几十年过去，还是那个导演——从青年到老年，还是那群人——从儿童步入老年。在这部纪录片里，明显记录了不同阶层的人是如何拥有了不同的思维。上层阶级孩子在7岁的时候，已经每天看《金融家》或《观察家》了，而且他们明确知道自己的目标，将来会上哪所高中，未来可以成为什么样的社会精英。中层阶级的孩子也有一些梦想：反对种族歧视，或到哪里上学读书，然后找个什么工作，等等。而那些下层阶级孩子最大的心愿只是吃饱饭、少罚站、少被打。跨度几十年的跟踪拍摄，那些人的人生好像证实了导演最初的推测，这也应了中国俗语"龙生龙，凤生凤，老鼠的孩子会打洞"，从小到大的生长环境决定了一个人的思维方式，这种思维方式也造成了日后的贫富之分。

穷人思维最核心的问题是"稀缺心态"——越是缺什么,就越在意什么。而这种对"缺钱"的过分在意,会占据人的大脑,影响人的认知力、判断力、控制力、执行力。

富人思维的精华是"目标导向"。比如,孩子上学需要买学区房。富人思维的思考流程:买学区房需要花多少钱?很多——▶钱够不够?不够。——▶还差多少?10万——▶借钱可以解决吗?解决3万——▶银行贷款可以解决吗?可以。——▶实现目标!

穷人思维则是消除"目标"。同样以上面的例子阐述穷人思维的思考流程:买学区房需要花多少钱?很多——▶能不能不买?不能——▶有没有更便宜的解决方案(比如租房……)没有。注意,接下来才是穷人思维的精华——▶为自己不想花钱找各种借口(比如:哪家孩子在很差的学区也考上大学了,哪家当时没买学区房结果现在被划到一个好学区了……)——▶最终绕了一圈得出结论,房子我们不需要,所以不买了。——▶目标消除!

稀缺心态不仅困住了我们的思维,也会让我们渐渐失去独立思考的能力,因为不管思考什么,都会被稀缺心态困扰,久而久之就形成了思维惯性。

贫穷思维的一个突出表现就是浅思考、无思维,人云亦云。很多失败的人跟成功的人之间最大的一个差别就是,成功的人拥有独立思维模式,会深度思考,不被羊群效应左右,总是能够看清事情的本质,然后在每一次财富机会降临的时候牢牢抓住。

我们需要注意的是,即使有了独立思维,时间久了也会形成惯性思维,随着成功经验的累积,每个人都有了自己的一套思维方式。像滚雪球一样,借着惯性越滚越大,速度也会越来越快,逐渐形成新的惯性思维。世界万物都在变化中发展进步，思维一旦形成惯性，就有被固化的危险。

第三，穷人与富人的区别在于知识和见识。

知识和见识是一个人的立世之本，古人云："读万卷书，行万里路，阅人无数，高人指路。"我对这句话的理解是这样的：读书，可以借别人的思想开拓你的认知，扫荡你的盲区，看别人智慧总结提高你自身思想的维度，是认识这个世界的过程；旅行，是见识这个世界，用自己的脚和眼睛丈量大千世界，丰富内心世界的认知结构（世界观）；而阅人，则是在与各种人交往中有了许多人生感悟，用亲身的经历反复打磨认知，不断否定过去，不断修正自己对人生的认知（人生观）。

获取见识来源于学习，除了要学习书本上的知识之外，更多的是要突破自己的边界，打破自己的"舒适区"，跨界学习，跨学科学习。要有不服输的探索精神。当一个人由于学习拓宽了思维和胸怀，那么可供学习的其他事情也就增多，可学习的途径也会变得更广。

综上所述，穷人和富人最大的区别不在于财富多少，而在于看待事物和分析问题的视角不同。就像有句话说的：贫穷会限制人的想象力，这份想象力和对未来的远见卓识，其实就是穷人和富人的真正区别。

投资和你想的不一样

哲学意义上的财富

追求财富是每个人的本能。每个人都想过有钱、有闲、有颜值的畅意人生。这就给我们提出一个问题：什么是真正的财富？

可能会有人说，当然是花不完的钱呗，都说有钱能使鬼推磨嘛。

金钱和财富存在辩证关系，有人认为金钱＝财富。当人们用金钱购置了房子与车子，购置了股票等，这些可以算作财富。同时，因为有了这些外在的财富，人的生活水平提升，有了金钱的保障，幸福指数提高，可以认为拥有了生活的富足感。这当然是财富。

那么，是不是我们就坚定地认为，只有金钱才是财富呢？当然不是，金钱等于财富，但财富不等于金钱，或不完全等于金钱。这也就涉及哲学层面上的财富。这就需要我们上升到一个新的高度，这个高度就是心灵和认知的高度——我们用怎样的心智去理解财富。

这个世界是能量守恒的世界。没有凭空出现的财富，当然也没有注定的贫穷。财富也是一场资源的置换，用时间、用资源、用你的特殊本领。

财富自由的目的是精神和心灵的自由，比如健康是最大的财富，心中有爱是最大的财富，经济和情感独立是最大的财富，家人朋友是最大的财富。而这些财富往往不是有形的，而是无形的，需要我们每个人带着觉察的心智去发现。

没有觉察力，即使身在福中也可能不知福。没有觉察力，即使想爱也没有爱的能力。没有觉察力，人就会活得浑浑噩噩，不知道什么是能量，什么是幻象，什么是实相。所以，会让自己在追求财富的过程中迷失了自我。

所以，我们每个人手中的书和脚下的路，是通往内心富足的启蒙。带着觉察去观照内心，感应周围的事物，找到智慧与顿悟，就是财富。

苹果公司之父乔布斯，他的财富表面上是赚足了钱，事实上是他内心的觉察。

19岁的乔布斯去印度进行了一次精神之旅。乔布斯对东方精神、印度教、佛教禅宗以及探寻个人启蒙的浓厚兴趣，并不是一个19岁青年的心血来潮。纵观他的一生，他追随并遵循着许多东方宗教的基本戒律，比如对"般若"的强调——通过精神的集中而直观体验到的智慧和认知。

乔布斯有一位导师是《禅者的初心》的作者铃木俊隆，他管理着旧金山禅宗中心，每周三晚上他会在那里举办讲座，并和一小群追随者一起冥想。乔布斯成了他忠实的追随者。他还独自去另一处禅宗中心修行。

成功人士，不但需要过人的智慧和能力，更多的是来自内心的力量。比如，乔布斯从禅宗的修行中获得了这种力量，禅修培养了乔布斯对事物的专注和对简洁的热爱，这就是他成功的秘诀之一吧，也是他把觉察定义为最大的财富的真正含义。

但觉察对多数人通常也是最难的。因为在没有和头脑分离的状

投资和你想的不一样

态下,人是受头脑驱使的,人类的头脑已经被训练成一台自动反应的机器。并不是头脑在觉察,而是头脑的背景。要跳离头脑的控制范围需要下一些功夫。觉察能让一个人很好地体验活在当下、临在的感觉。能够快速脱离线性时间感,感受生命的无限性。

当一个人内心的力量发展成为与外界的和谐与爱,达到力量、智慧、爱的和谐统一时,他就拥有了最大的财富。

财富的另外一种我认为是连接。

不夸张地说,世间万事万物皆是连接产生的结果。连接不仅仅是知识的跨界,还有人脉的互相分享,很多成功的人不但具有知识和智慧,还有人脉的连接。换句话说,把钱投资在自己的头脑上,是最安全的投资,到哪里都不会饿肚子。

我在公众号"东哥势角"中也强调过。很多时候人们对于得到总是抱着急于求成,总想着听一堂课或参加一次学习就能获得多少有形的或物质上的收获,而不去想学习这件事本身带来的财富和能量。

我一直强调,每个人站的高度不同,产生的格局也不同,那么内在产生的能量也千差万别,这样吸引到的能量也有高低之分。

有一个笑话,说的是中秋期间一盒月饼流转的故事:甲给乙送去一盒月饼,乙一转手又把它送给了丙,接下去丙又拿去送给丁……转一圈下来,这盒月饼重新回到了甲的手里。

这样的笑话真的有可能发生——如果"一盒月饼"替换成"钱",这样的流转故事每时每刻都在发生。

一盒月饼从甲的手里出发,最后又回到了甲的手里,那么,是否真的又回到了起点?看似谁也没有占到便宜,其实每个人都有收获，无论如何，送出去的都是情意，所以每个人都在表达并收获着这种情意。

我想这就是连接的意义。

我们无论是在课上探讨财富的话题，还是有意识地去训练自己的财商，我们都在与同频的人连接，或许是对方感受到了你的能量，或许是对方带给你财富的启示。彼此都有收获。

而金钱和财富，就是一种连接手段。金钱并不是"目的"，它仅仅是一种"手段"。金钱，是一种"连接"手段，一种使人能借此达至"大格局"的手段。连接有时候也叫联结。

联结，还有一层更深的意义是分享，分享得越多自己得到的越多。与人分享是在告诉别人"我有很多"，也与越舍越得的禅宗思想相契合。所以，当你知道这世间最有钱的人都是最伟大的慈善家时，你不会感到惊讶。他们捐出庞大的钱财；当他们给予，依据吸引力法则，宇宙会开始行动，让乘以数倍的巨额财富回头涌向他们。

财富的"通用性"最终目的，仍然是让我们把"自己的劳动"和"别人的劳动"联结起来，能够以"大格局"的方式生存。

我们每个人都要放大自己的格局，去联结周围的一切，并且怀有对财富的崇敬与渴望，完全敞开自己，实现真正的财富格局。

我想这就是哲学层面的财富。

巴菲特和索罗斯的投资差异

提到投资大师,许多人第一反应就是巴菲特和索罗斯。这两位投资大师有着相仿的年龄,并且分别代表了两种不同的投资境界,也有人说是投资和投机的典范,并且都把一种策略执行到了极致。

很多做投资和研究财富的人对巴菲特和索罗斯感兴趣,不仅仅是因为他们拥有富可敌国的财富,更多的时候是因为如此富有的两个人,竟然有着截然不同的投资差异。巴菲特一直兢兢业业努力工作,除了投资买股票,对其他也没啥兴趣,所以巴菲特对外宣传自己是一个价值投资者,对于股票热衷做长线持有。巴菲特一生顺风顺水,造就了他平和、沉稳的投资心态。他的投资法门:大家疯狂我冷静,别人冷静我疯狂。

巴菲特的成功,既有对人性的分析和研究,又有对投资的专业研判。人性的分析涉及人类心理的奥秘,投资的专业研判则是对投资价值以及商业运营的洞察。任何投资市场都是人在操作,所以,有了对人性的分析和研究才能更加专业地分析投资市场。

要想研究人类本性,离不开哲学层面上对于人性的解读,要想研究资本市场依然离不开研究活生生的人。所以,巴菲特的成功看似价值投资的典范,不如说是他更深谙人性。

索罗斯的成功则是另一种版本,他除了对金融和政治感兴趣,还把更多的精力投资在哲学层面上。索罗斯能把哲学感悟融入投资领域，所以，更接近天才的特质。有人形容索罗斯，他对于哲学的热爱，虽然未必超过他对于赚钱的热爱，但绝对超越了一般的财经专家。所以，索罗斯更多时候是运用哲学的思维方式来运作资本。

市场中众多的人的偏向导致市场上涨。即人们一直看涨的情绪和买入导致了市场的快速上扬。而由于市场的快速上涨，印证了人们的主观偏见。使得人们认为自己的判断是客观正确的，所以继续持有这一偏见。而由于市场中更多的人看到了市场的上涨，以为市场的上涨是由客观事实所导致的。事实上，多数情况是由主观思维和偏见导致的。

在《超越金融》这本书里面，索罗斯把反身性思维用到了我们人类自己身上。我们对于这个世界的认识，也在反过来影响和塑造着我们自己。索罗斯认为，我们所认识的这个世界都是局部的、主观的，就像盲人摸象一样。也就是说，我们永远无法完全认识这个世界甚至于这个世界上的任何一样事物。索罗斯更深思了我们的思维，他把我们的思维分成两种，第一种是认知功能，专门理解这个世界；第二种就是操作功能，专门操作环境，以便让我们自己受益。所以，特别是对于我们自己，我们对于自我的认识，影响着我们的行为，而我们的行为又反过来塑造着我们的思维。

我们所信仰的、所坚持的，是我们自己的内心，当你自己和自己相处的时候，你的所有行为，不管是克制，还是放纵，都在反过来塑造着你的认知。所以，任何时候，知行合一，对于自己保持绝对的真诚特别重要。这就是一种哲学思维。

从另一个角度来看，巴菲特把杠杆加在了时间上，而索罗斯

投资和你想的不一样

把杠杆加在了机会上,然而两个人都是将自己的长处用到极致的高手。

无论是巴菲特的长线投资和理性分析,还是索罗斯偏"投机"的人性把握,他们有着殊途同归的奥秘和共同点。

首先,索罗斯和巴菲特都对自己抱有超强的"自信",这份信心源自他们的内在心理力量,这种强大的心理力量使得他们的投资不但成功,而且有了"神圣"的感觉,因为巴菲特与索罗斯相信他们理应成功,理应赚钱,他们在控制着自己的命运,这种信心对投资成功至关重要。

其次,专注与思考,保持信息优势。据说他们的共同特点都是大量的阅读,在提升自己思维和认知的同时,也能够保有最新最全面的信息优势,如此对于投资环境和未来设想就有了更充分的准备和洞见,投资成功的概率也就大大提升。

最后,他们都具备常人不具备的哲学思维,索罗斯曾说过:"对哲学的兴趣,可以培养人的洞察力、判断力、宏观决策力,而这些素质,在变幻莫测的金融市场是必不可少的。"他认为,哲学思辨可以锻炼人的思想,使思维变得更加敏捷、活跃、开阔,使你考虑问题更加细致、周到、全面。金融市场上就需要这种哲学思维。

第二章
投资思维

投资和你想的不一样

投资只要月亮，不要星星

随着经济的发展，大众认知思维也在不断发生改变，不仅体现在消费水平和消费观方面，更体现在投资选择上。就拿最简单的消费例子来说，之前人们买车基本上是夏利、桑塔纳，现在却有了不同的选择，从小轿车到SUV，从国产品牌到国际品牌应有尽有。而投资也是如此，往前推几年，买房是唯一的投资选择，而现在可投资的产品越来越多，收益有高低，风险有不同，有实体的，有虚拟的。所以，投资的产品门类繁多，投资的收益有高有低，而最终决定投资是否成功的因素则是投资思维。

大众的投资思维往往都一样，这样才会有了"跟风"投资，"羊群效应"，才出现了只看星星而不顾月亮的投资现象。

有个笑话是这样说的："来，咱们来数星星。你智商低，你数月亮。"但是，抛开智商不说，投资正确的选择宁可数月亮，也不要数星星。星星那么多，你总是数不过来，但是月亮只有一个。这个笑话符合投资界广传的思维：投资不要把鸡蛋放在同一个篮子里。东哥语录：投资要投资你懂的，而不是做被收割者，投资第一个阶段不需要分散。

投资中的"月亮"也多指门槛较高的行业，而星星则属于在行业中集中度较低的行业。从投资的角度来看，"月亮"是指稀缺、

16

少量的投资品,甚至是被别人不看好的东西;而"星星"是指普遍的、大量存在的投资品,是人人都觉得可以操作的投资品,这样的投资品往往因为大众趋之若鹜反而容易投资失败。这种思维也符合股神巴菲特说的投资理念,他认为:"当所有人都疯狂的时候,你必须保持冷静,你必须学会逆势投资;当人们惊慌失措、犹豫不决的时候,也许就是你买入的好时机。而当周围人疯狂的时候,包括出租司机都在告诉你买什么股票时,也许就是你应该卖出的时候了!"

投资专家罗杰斯也说:"我总是发现自己埋头苦读很有用处。我发现,如果我只按照自己所理解的行事,既容易又有利可图,而不是要别人告诉我该怎么做。我可以保证,市场永远是错的。必须独立思考,必须抛开羊群心理。"他认为,投资者往往很少有人能通过随大溜发财。罗杰斯在哥伦比亚经济学院教书的时候,时常对他的学生讲:"学习历史和哲学吧,干什么都比进商学院好;当服务员,去远东旅行。不应该来读经济学院,这是浪费时间,因为算上机会成本,读书期间要花掉大约10万美元,这笔钱与其用来上学,还不如用来投资做生意,虽然可能赚也可能赔,但无论赚赔都比坐在教室里两三年、听那些从来没有做过生意的'资深教授'对此大放厥词地空谈要学到的东西多。"

无论是巴菲特还是罗杰斯,他们的投资观点都是一个内涵——"不做随大众的投资者,而要特立独行,要能够独立思考"。

举一个与股票市场相关的例子。如果你发现一只股票并想买入,并在做过所有分析后推断出可以买入,你也需要做逆向考虑,找出一些你不能买入这只股票的原因。通过这种做法,就可以尽量保证你的研究是全面的，而且是透彻考虑这项投资的每一方面。

投资是一个独立思考的过程，股票也不会受群体决策的影响，是被少数庄家所左右的，那些"庄股"能顺利推动上去的原因也不是各位散户的合力所致，是为庄家所主导。如果见到别人赚钱，你不要眼红，因为那时可能正是要大跌的时候。你能做的，就是保持中立地位，无论你在不在场中，保持一颗冷静的心，重要的是，找到一个适合自己的方法，专心做自己的。

可见，投资思维的拓展最需要的是独立思考的能力和不按常理出牌的勇气。

要月亮不要星星或者不随大溜的思维是让投资能够更理性，因为所有投资的本质都是一种零和游戏。也就是说，投资者赚的钱就是另外一些投资者赔的钱。知道了这一个道理以后，就明白了，往往赚钱的人是少数，而那些随大溜的往往就是赔钱的大多数。因此，在投资的过程中，如果站在那些大多数的对面，不一定能挣钱，但是如果站在那些随大溜的人中间就一定会赔钱，所以投资千万不可以随大溜。

一旦学会了不随大溜，就会为将来成为优势投资者培养一个"理性客观"的特质，而这个特质往往普通人很难做到。因为知识与心理因素的局限导致投资时会出现各种认知偏差，而且这种错误的认知还会不断自我加强，最终的结果就如墨菲定律一般，投资结果向着最坏的一面发展。如何做出一个好决定？如何成为一个好的投资者？在我们的思维模式中形成我们自己的思想和选择是一个好的开始。而建设这些思维模式是我们做出正确决定的关键。

心智模式和思维模式是对事物运行发展的预测，你认为事物将如何发展，就是你的心智模式和思维模式了。一个人若拥有完整而健全的心智模式，他对事物的发展就可以做出准确的预测，所以就有能力做出比别人正确的判断。

当然，这种心智模式一定不是固执己见或死不回头的"特立独行"。

如果一位投资者，只学会了巴菲特的"别人贪婪我恐惧，别人恐惧我贪婪"而不加独立思考的话，往往会陷入另一种死不回头的"固执"，而不是智慧的投资理念。如果大市场、大环境不好，别人都恐惧的时候，自己还在贪婪，有可能导致血本无归。股神巴菲特的所有投资理念都不是脱离现实大环境凭空想象出来的，而是要立足于实际，然后根据自己的独立思考，从而从大概率的事件中找出小概率的机会，实现自我保护和价值投资。

真正高明有智慧的投资思维恰恰是能够把握住正确的大势，然后在这个基础上不随大溜，这样才能做到投资的不误判、不错投。万物皆有周期和发展趋势，小到一个个体的生命周期，大到一个王朝的兴衰起落，只是它们的层级不同而已，投资亦是如此。

能够审时度势，能够冷静分析和思考，才是一个真正独立的投资者。

新时代下，投资路在何方

五年前，人们更多谈的是"互联网经济"；三年前，谈的是"互联网跨界与转型"；两年前，更多谈的是"风口和不确定性"；一年前，人们又开始津津乐道"区块链带来的数字化生存与发展"。这是一个不断变化的时代。综观当下的时代可以用几个词来概括，如"轻""碎片化""易""精神""个性""大数据""全球化"。

"轻"是相对于重而言的，意味着不再盲目追求重金、重型、重量，而是将资产变轻，经营手段变轻，人员以及整个运营变轻的一种投资与管理策略。

"碎片化"很容易理解，人人都可以成为投资者，也可以成为被投资者，这是网络带来的便捷，不再局限于大企业和某个领域。每个人都可以成为自己的领域，可以引流，可以成为品牌。

"易"有容易、便易的内涵，无论是支付方式的多样化，还是互联网用户的基数增加，都让很多企业从原本的传统型变成金融、投资的模式，比如支付宝最初只是一种支付的工具，后来衍生为金融和理财的工具。很多支付型的平台都有了这样的模式。

"精神"是指企业和产品不再追求自身产品的强大，更重要的是要传递给消费者一种价值。产品本身要有价值，其次要做到让消费者对产品产生价值认同。卖精神、卖价值胜过卖产品本身。

"个性"就是市场不再局限于传统化、大众化的产品，什么都可以投资，什么都可以卖，卖产品、卖服务、卖创意和点子，只要有个性和才华往往就能有卖点。随着消费者的多样化，产品和公司也会有更多的选择。

"大数据"是数字化带来的影响与作用，驱动了更多的价值，给移动互联网、云计算等概念加入了更多可供想象的空间。无论是投资者还是被投资者，都在不断被数字化、网络化，现实与虚拟的世界边界不再清晰，新的生存和发展空间在形成。

"全球化"是指整个网络的发达造成了人们生活在一个网络"地球村"，不再像传统时代那样，必须到某一个地方才能做某一件事，现在网络的便捷，使人们可以随时购买到全球的货物，同理也就要求投资者具备全球化的布局思维。可以把自己国家的产品卖向世界，也可以在自己的国家向其他国家的产品和服务进行投资。

时代在变，那么投资的思维和观念也要变。比方说，从当前全球投资市场环境来看，美国股市已经持续上涨了 8 年，泡沫已经很大了；而国内 A 股市场也看不出会有什么太大的起色。世界两大经济体都是如此环境，我们还能对投资收益抱有过高的期望吗？所以，现在我们应该少在投资市场上折腾，而是要把更多投资的方向和目标锁定在个人创业的机遇上。我就是因为抓住了移动互联网时机，创办了"东哥势角"自媒体，从做投资融资和理财开始转变成"知识加工和分析"。我也多次建议大家多思考"开源"的事情，利用新时代带给我们的机遇打造属于自己的事业。

曾经有个很有名的段子：1998 年，马化腾等 5 人凑了 50 万元创办腾讯，没买房；史玉柱借了 50 万元搞脑白金，没买房；1999

投资和你想的不一样

年，丁磊用 50 万元创办 163，没买房；陈天桥炒股赚了 50 万元，创办盛大，没买房；马云等 18 人凑了 50 万元，注册阿里巴巴，没买房……如果当年他们用这 50 万元买了房，现在可能贷款都没还完哪。

不仅是投资人，各个领域的牛人几乎都是这样。因为他们能想象到未来有多美好，而且坚信未来所给的奖赏一定要比买房子之类的事情大得多，所以他们才能够历经苦难后在黑暗中坚持下来。

这个段子里的这些名人之所以后来都成了享誉全球的投资高手，源于他们对未来的信心以及对知识、人脉的积累。而这些都是新时代下必须具备的东西，如果你没有投资的头脑和知识，也没有更多的人脉积累，那么很难在这个瞬息万变的时代生存和发展。

未来的世界是数字化的世界，个人数字化加上商业的数字化。投资的思维就要有所侧重，要考虑到商业的数字化，但更多的着眼点要放在个体力量的崛起上来。让每个人变成节点，投资最重要的问题是投资人，而不是投资物和产品。

所以，新时代下，成功投资路在于自己，在于不断提升自己的投资思维。

首先，要会使用互联网思维，要学会用电，而不是成为电厂。

个体要立足于互联网去思考和解决问题，一方面要充分利用互联网技术提供的物质条件进行思维创新；另一方面要以互联网作为手段和工具进行改革创新。

其次，要构建资本思维。金钱是资本，人脉更是资本，时间同样也是资本。作为一个投资者，要具备融资、融创、融智、融客的融资思维。资本时代，资本（人、技术、钱、时间）是最主要的生产要素，生活在资本时代，就应该懂得运用资本思维！

最后，要具备信息思维。

5G时代的到来，谁掌握了信息，谁就控制了财富的源头；谁的眼光更长远，谁就在信息大潮中有了立足之地；谁跟上了趋势，谁就会百战不殆。

投资是时间维度上的平衡消费。所以，投资人并不仅仅追求眼前的收获，而是要追求整个人生跨度上的投资回报最大化。其实，我们每个人每当面临生活中的种种抉择时，我们就成了"投资人"，我们就必须乐观、自律、脑洞大开，只有这样，才可以让人生的幸福最大化。

看得远、熬得住、学得好

有句老话，学习好还是经商好？——学好都好。核心意思在"学"上。投资更是一个不断学习和提升的过程，学习投资理念，从投资失败中学习经验，学习别人的投资成功之道等，无一离不开学习。除了学习，还要在不断学习投资实践的过程中获得经验，最后实现既有投资思路又有实操经验。

在投资领域混得不错的人，往往深谙三个境界，一则看得远，二则熬得住，三则学得好。

看得远很容易理解，投资的真实意义就是投资明天和未来，如果没有看得远的能力和眼光，往往会急功近利，会让投资变得盲目。比如，很多投资者购买如股票、基金、外汇等投资产品，希望今天买进明天涨停，最好还是连续涨停。但是这种机会并不多见，常常是一买入就下跌。如若有一种方法，风险低又能获得合理的回报，那就是伴随企业一起成长，但是普通人等不了十年以上的周期。

其实投资并不是一件难事，但必须看得够远。其他的投资同样如此，当下的学习是为了未来有更好的认知；当下的运动是为了未来有更健康的体魄；当下的人脉拓展是为了未来有更好的圈子和互相的支持和动力。所以，真正考验投资的第一重境界就是看得远。看得远，就是让我们认真去思考：我们一生积累的财富将会随着时间的流逝而不断贬值，还是更加富足？我们要如何用这短暂的一生，去赢取投资事业的绽放？股神巴菲特之所以伟大，不在于他在年老时拥有了几百亿美元的财富，而在于他年轻的时候想明白了许多事情，然后用一生的岁月来坚守。投资更确切地说是和时间竞赛，不是跑得快就会胜出，往往慢慢来稳扎稳打更容易成功。就像龟兔赛跑一样，兔子以速度取胜，但兔子的寿命很短，乌龟看着有点漫不经心、孤独又缓慢，但千年的王八万年的龟，不能说兔子在时间上赢过了乌龟。看待任何投资，就是不看投资标的现在如何，而是看它十年之后会如何。假如在互联网没有盛行的十年前投资了互联网，那么十年后就会坐收盈利；假如在比特币盛行的十年前投资了比特币，十年后就能靠着比特币赚得盆满钵满……

任正非在接受央视的专访中表示，投资最长远的目标和方向应该是教育，我关心教育不是关心华为，而是关心我们国家。如果不重视教育，我们就会重返贫穷的。他认为，国家的未来就是教育。

百年大计，教育为本；教育大计，投资为基。离开必要的投资，教育尤其是基础教育是很难持续性发展的。

这是一个充满家国情怀的企业家，也是一个有着投资战略眼光的真正行家。未来有多远，眼光就要放多远，无论是投资教育还是投资其他产品，都是一样的道理。

看得远的人往往也具备足够的耐心，熬得住孤独寂寞然后沉淀自我，最后才能迎来完美绽放的自己。投资，就是要耐得住内心的寂寞，才守得住世间的繁华。

熬得住的本质在于价值观。不同的价值观决定了不同的做人做事方法，也决定了不同的投资方法。熬得住是建立在对事物发展客观规律的深刻认识基础上。站得高、看得远、想得透彻才能产生那种超然、淡定的心境，才能在别人恐慌的时候保持淡定，在这个基础上再谈熬得住才是有意义和建设性的；而不是日日惶恐不安，投资成为生活中的一种负累，压力之下长期投资终将半途而废。

熬得住还体现在生存和生活哲学中，高中生如果熬不住压力就不会迎来迈入大学的机会；创业的人如果熬不住最初几年的市场洗礼就不会有后来蒸蒸日上的收获；放眼当下，最初跟着马云熬过苦日子的十八罗汉，每个人都实现了财富自由，阿里巴巴回报给他们是因为他们当初的坚守与执着。纵观历史，姜太公熬得住，终于等到了周文王；越王勾践熬得住，终于成为一代霸主；司马迁熬得住，终于完成了旷世《史记》；西汉名臣韩安国曾经历漫长的牢狱之灾，饱受狱卒欺凌，就这样熬着磨炼性子，等官复原职的那天，终于凭借脱胎换骨的外柔内刚的性情，步步为营，最终稳居高位，得以善终……

投资和你想的不一样

无论是哪一种投资，想要成功，关键在于"熬"得住。所谓"熬"，就是不轻易放弃自己的事业，不轻易改变自己的目标，一步一个脚印，踏踏实实用自己的双手去创造。这个过程犹如龟兔赛跑般漫长，但只要"熬"得住，就能收获成功。

经过了看得远和熬得住，人们往往会发现自己得到了提升，无论是心智还是耐力，如果再辅以学得好，那就会把握住更多机会。面对任何一个问题，不能从单一的角度去理解和处理，应该采用至少两个学科的思维方式，这样才能更好地解决问题。投资与金融学、统计学相关，与财务、企业相关，与心理学相关，甚至与哲学、社会、政治也相关。学习投资知识固然重要，但对其他学科的知识也应该有所了解，并能达到知行合一的程度。

美国超级基金经理彼得·林奇始终认为，哲学、历史学得好的人，比学统计学的人更适合做投资。为什么他会这么认为呢？因为哲学是世界观，是方法论，哲学是人类了解世界的一种特殊方式，是使人崇高起来的一门学问。学好哲学，等于接受了人类大智慧的熏陶，增加了人的思想底蕴和内涵，这将在根本上有益于投资。

关于学习，有个"一万小时"定律，也就是说如果每天工作八小时，一周工作五天，那么成为某个领域的专家至少需要五年，这就是一万小时定律。学习也是如此，在任何一个领域如果没有积攒一万小时的努力就想成功，无异于痴人说梦。投资更是这样，没有经过实打实的学习和演练就想取得较高的投资回报率，的确是一件非常渺茫的事情。

我们绝大多数人忙于生计，不可能每天拿出八小时来学习投资，而考验一个人是否学得好，往往是在八小时之外，忙里偷闲抽出来的学习时间。一万小时定律决定了一个人的学习毅力和学习周期，这个时间周期也许是 10 年，也许是 20 年，也许是一辈子。被誉为股神的巴菲特没有一刻不在学习，巴菲特一生致力于学习和研究股票投资，在学习这一件事情上他极为专注。他从小就开始阅读和学习所有与股票投资相关的书籍。他读遍了父亲所有收藏后，来到了哥伦比亚大学的图书馆，在书本的海洋里求知若渴地阅读。他每天要把 80% 的时间花在读书、读报、看经济周期报告方面，读书和思考是他投资之外最擅长做的事情，而恰恰是这种超出常人的学习力，才让他成为投资领域的传奇人物。

在纪录片《成为沃伦·巴菲特》里，记录了他每天会按时起床，花大量的时间阅读各种新闻、财报和书籍。他的办公室没有电脑，没有智能手机，只有身后书架上的书籍，和一桌子摊开的新闻报纸。而他每天就坐在那里阅读和学习。时光静静流逝，他从年轻人变成了一个白发苍苍的老人，六十年如一日。关于巴菲特读书之多这一点，他的合伙人查理·芒格曾经评价过："我这辈子遇到的来自各行各业的聪明人，没有一个不每天阅读的——没有，一个都没有。而沃伦读书之多，可能会让你感到吃惊，他是一本长了两条腿的书。"

任何成功的人都在诠释着同一个道理，学得好才能变聪明，变成有智慧的人，才能在人生长河中收获属于自己的投资回报率。

第三章
投资规律

投资和你想的不一样

财富有规律，投资有周期

老子在《道德经》中说："天地不仁，以万物为刍狗。"意思就是大自然是没有私心的，对谁都一视同仁，这才有了自然万物生生不息的规律。一切事物的生长、发育都是自然而然的，并不是被外在的力量驱使，而是顺应着自己的自然本性，这种自然本性就是内在于万物的"道"。因此，天地对万物毫无偏私，任其自由发展，这就是"天地不仁，以万物为刍狗"。后面老子又说："人法地，地法天，天法道，道法自然。"天地的本性是自然，毫无偏私地对待万物，人应该顺应自然之道、顺应规律的变化。

相对大环境而言，我们都是被规律和周期推动着前进的人。我们身处一个跌宕起伏的大时代，短短40年却经历了一场大周期，凡是踏准了周期节点的人，都被送到了浪潮之巅；凡是一脚踏空的人，都被巨浪掀翻。

这与一个人的智商、天赋甚至勤奋程度都没有任何关系。有的人很努力，但依然没有逃过经济浪潮的袭击，而有的人并不是很努力，却赶上了风口浪尖变成了弄潮儿。比如，20世纪90年代开始进军房地产的人，大部分都实现了完美逆袭，这靠的是什么呢？是财富的规律和经济周期，能够看准周期，并根据风向和风速判断下一个大浪，远远比努力要重要得多。

做投资，我们要练好内功，还要看得远熬得住以及学得好，这样才能有切实的收益。但是内功虽然厉害，也要结合实际，否则就会成为纸上谈兵。我们要相信周期和经济规律，大到国家，小到企业，个人命运都有周期。比如楼市的周期大约15年，股市的周期7~10年，经济危机的周期大约10年，任何东西的波动都是有周期的，没有任何一项投资会永远倒霉，也没有任何一项投资会永远赚钱。

每个人的财富积累一定不要以为是你多有本事，财富积累完全来源于经济周期运动的阶段给你带来的机会。你一生中所获的机会，理论上只有三次，如果每一个机会都没有抓到，你一生的财富肯定就没有了。如果抓住其中一个机会，你至少能够成为中产阶级。

百度百科上对于经济周期是如此定义的：经济周期也称为商业周期、景气循环，它是指经济运行中周期性出现的经济扩张与经济紧缩交替更迭、循环往复的一种现象，是国民总产出、总收入和总就业的波动，是国民收入或总体经济活动扩张与紧缩的交替或周期性波动变化。经济周期分为繁荣、衰退、萧条、复苏四个阶段。

第一个阶段是经济繁荣阶段。每一个经济周期都可以分为上升和下降两个阶段。上升阶段也称为繁荣阶段，最高点称为顶峰。

第二个阶段是经济衰退阶段。重要表现是GDP的增长乏力，通货膨胀走低，中央银行采取削减利率措施刺激经济回升。

投资和你想的不一样

第三个阶段是经济萧条阶段。重要表现是生产过剩，需求不足，销量下降，价格低落，企业生产萎缩，甚至出现大量破产倒闭，失业率大增。

第四个阶段是经济复苏阶段。其表现是放松性政策发挥效力，经济会加速增长，通货膨胀将继续回落。

因此，有了通货膨胀和经济增长这两个依据，投资人能够更好地掌握和理解目前的经济状况和景气循环阶段，从而做好相对应的资产配置投资决策。简单理解就是国民收入或总体经济活动扩张与紧缩的交替或周期性波动变化。

经济运行的规律像波浪一样，有起有伏，有繁荣也有衰退，有萧条也有复苏，像四季轮回一样。繁荣时期就像春天，蓬勃兴起，比如很多企业发展如日中天的时候就是这样。随着经营问题的出现开始衰退，就像进入了秋天黄叶落地。随着企业开始裁员、停产等休整，慢慢开始复苏，度过了寒冬迎来新生。

衰退和萧条期的区别有如华尔街的一则老笑话所言：衰退就是你的邻居失去工作的时候，而萧条就是你自己失去工作的时候。经济衰退的标准定义是，一年有连续两个季度的经济出现负增长，即国内GDP连续两个或两个以上的季度出现下滑，这是经济放缓的时期。在这个阶段，国民生产总值增长率递减。经济活动放缓，对劳工的需求减少，使劳工不容易找到工作，于是失业率开始上升。随着失业率的上升，厂商和家庭都被迫削减开支，物品和劳务的价格会因需求减少而下跌，这有助于舒缓通货膨胀的压力，通胀率下降。

心法篇：投资和财富的秘密

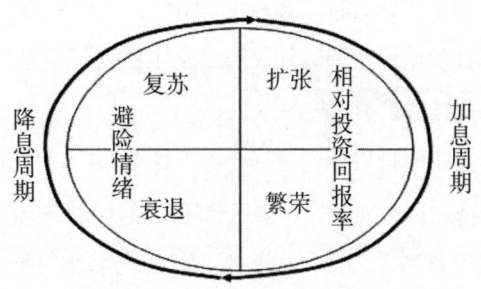

经济周期对我们的影响绝不仅仅是失业或者就业，如果你不拒绝投资的话，当一国经济进入复苏期后，正常情况下，利率会随之上扬。这是因为在经济走强的情况下，每个人都对未来感到乐观，因此越来越多的人想借钱，越来越多的企业想融资，资金需求随之增加，利率自然水涨船高。另外，在经济扩张期，企业活动的增加往往会影响物价上涨并导致通胀压力加大，而通胀压力增加会促使央行推高利率。在这种情况下，除了利用储蓄、货币定投等投资工具尽量享受高利率带来的投资回报外，最可观的投资方式就是股票。经济复苏必然带动股市的复苏，如果能提前布局，再配合定投，抓一个长期的大牛市，那么等下一轮衰退到来时，你的资金已经非常可观了。

我们一生至少会遇到一两次经济周期，如何让经济周期帮助我们更轻松地增加财富？这是你我都要学习的一堂课，连股神巴菲特也不例外。

如果不是久经风雨的老投资人，想要弄懂经济周期有一定的难度，所以还是要在平时多积累，日常生活中或者周围普通人的行为方式有时候能够反映出大环境的经济规律。

投资和你想的不一样

比如，股市里流行的"擦鞋童理论"，当擦鞋的孩子、看自行车的大妈都在谈论股市的时候，股市基本涨到了顶点。从日常生活中也能观察到经济景不景气。

所以，真正的投资者就是一个生活的观察家，他能够从日常生活中嗅到经济运行的规律，在景气循环中抓住投资时机。

真正的投资高手都懂得顺势而为，不与趋势对抗。跟对趋势，投资小白也能赚得盆满钵满；逆趋势而行，即使是投资高手也有马失前蹄的风险。大的市场环境离不开每一个企业、家庭、个人，所以真正的经济规律往往藏在市井生活里，与人们的生活息息相关。当投资者无法准确预判经济规律的时候，不妨多观察一下身边的事物，或许能找到一些相关信息。

风口重要，飞起来不摔更重要

雷军说过一句经典的话："站在风口上，猪都能飞起来。"这句话被创业和投资者奉为经典的同时广为传播。后来马云对这个"风口论"做了客观的解读和分析，他说："风过去了，摔死的都是猪。"也就是说，站在风口的那一天就要想到这一天会到来，这提醒我们每个人顺势而为的同时要有危机意识。

互联网时代，每个创业者和投资者最大的愿望就是找到一个"风口"，然后成为那头能够幸运地飞起来的"猪"。往往出现的结果则是，跟风者众，脱颖而出者稀，创业投资的多，创新的少，一大堆追风口的"猪"蜂拥而来,最后导致飞起来的少,摔死的多。

近些年,在互联网金融、区块链、比特币、共享单车、大数据等风口上,追风的创业者此起彼伏,风起云涌。这些追风的"猪",摔死的永远被世人忽视,而极少数飞起来的就可以指点江山,俯视众生,成为众星捧月的王侯。所以,寻找和追随"下一个风口",始终是创业界乐此不疲的游戏,也是投资界津津乐道、永不过时的话题。

这是一个急躁的年代,21天完成50斤减肥计划,100天完成100万元销售任务……这些都已经不是互联网速度了。投资更是如此,在追求风口的时候,要时刻想着不能让自己摔死。"我的项目不烧钱,很快能实现盈利。""我有优于市场的发明专利,三年能上市。"但在资本行业里,这些都是废话,这些企业甚至可以直接被拒绝掉了。……在投资生涯过程中,有太多的思维和想法,太多的急躁和急进。贪求风口,贪求快速,往往都会死得很难看。

比如,从2007年开始,共享单车成了当时最风靡的项目,吸引了无数资本追逐。什么悟空单车、丁丁单车、小黄车、小绿车、小蓝车等,这些花花绿绿的自行车停在大街上,人人都能骑,那是单车的世界,单车的舞台。但这些花花绿绿的单车表象下面,却藏着不少吃钱的怪物,一不小心就把投资的钱吞了进去。鼓吹共享经济的热潮,大量融资。创始人自己赚得盆满钵满,却苦了投资商和那些拿不到押金的人。不仅造成了资源的浪费,也导致了城市交通的拥堵。最典型的就是小黄车。从2016年1月的A轮到2017年7月的E轮,ofo拿到了近13.5亿美金的融资,都被小黄车烧得干干净净。随着退押金的周期不断地延长,直到现在退押金的人口变暗，我们彻底放弃，小黄车是真的没钱了。而这样的投资，摔死了多少"飞猪"，可想而知。

所以，对于投资而言，站对风口很重要，飞起来不摔同样重要。

曾经有一个创业投资者问我，他要做一个大数据公司行不行，我问他为什么要做这个公司，他说这是风口，他说抓不住风口一切都完了。我问他，你要做大数据公司，你自己是不是懂大数据，或者能不能找到这方面的人才？大数据涵盖广阔，具体要做哪方面的大数据？有什么样的数据积累和经验？要用大数据为客户解决什么问题？这些他都回答不上来，他自己是一个金融专业毕业的大学生，几年的工作和大数据无关，只知道大数据是"风口"，所以想自己创业做大数据公司。他被"大数据"这个观点或者说风口激动着、驱使着。我给他泼冷水，大数据的确是风口，就像前几年比特币风靡的时候，比特币也是风口；区块链火热的时候，与区块链相关的也是风口；关键是这样的风口你懂不懂？而不是盲目往风口上蹿，然后风停了自己摔得鼻青脸肿还不知道是怎么回事。

这样的创业者还有很多，隔着行业隔着经验隔着万水千山，但依然非常愿意去找风口。

总之，风口已形成了一个场景，在这样的场景中，风力看来比什么都重要，而那些我们以往赖以生存的发展之道似乎都不再那么需要关注了。但同时，我们也看到更多的创业者哪怕就在风口创业也还是不行，而即便借风口之力飞上去了的"猪"们也有不少掉下来了，还有一些正在往下掉。

雷军说猪在风口能飞起来并不夸张。他自己也曾在2016年发微博解释，"我用这句话是为了说明创业成功的本质是找到风口，顺势而为"，然后引用《孙子兵法》详细地解释了什么是"势"。可惜，很多人关注的焦点不是"趋势"，而是"猪"的问题，以及"飞"的问题。

风口，从字面上也能看得出是一阵风，一个趋势。真正的风口并不是那种短、快、急的一时之势，而是长、慢、稳。这种趋势是正确掌握以后的脚踏实地，而不是野蜂飞舞。

无论是个人还是企业，真正的风口就是顺势而为，这样才能让企业起步快、不费力。但是这不代表能走得更远、更持久，大风来的时候很多人都能随风而起，风口过了若没有很好的承载力就会掉下来。有一个词叫"厚德载物"，承载力很重要，要想有所收获，必须有相应的能力去承载。企业如此，个人亦如此；创业如此，投资更是如此，能经受住大风大浪，才能飞得更高、更远。

对于企业来说，承载力包括企业的战略、模式、人才、管理、市场、财务等方面。要打造这个承载力，首先，要提供独特的商业价值。一个企业或组织有存在的理由，一定是因为它对客户、对别人有价值；一个企业或组织想要持续地存在，就要对客户、对别人有独特的价值。

对于个人而言，承载力是知识、修养、德行、经验、思维等；要打造个人的承载力，需要的是学习和提升，经验与积累。想要在某个行业和领域占领风口跟上趋势，自己首先要有一定的重量与能力，如此才能不盲目、不轻信。

做创业、做投资，风口很重要，但驾驭风的能力更重要，拥有承载力，懂得周期才能有长远的发展。

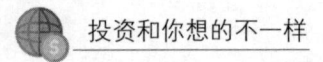
投资和你想的不一样

财富八大层级属性和特点

财富是有层级的，不同的思维方式决定不同的投资方式，不同的层级又决定投资的方向和选择。

网上流传过一张中国的财富层级图，认为财富是分层级的。

第一个层级是神秘层，属于财富最顶端的少部分人。他们掌握着巨大的财富，又让人捉摸不透，看不清庐山真面目。

第二个层级是行业的领袖人物，如大家熟知的马云、王健林、李嘉诚等。他们的财富不仅仅来自国内，甚至已经规划到了世界版图。拥有巨大财富，能力和思维也非常厉害，甚至可以改变一些事情。比如马云最初通过互联网改变了人们的消费方式，后来又要着手改变教育（虽然目前只是初心，但只有拥有像他一样财富的人，才能拥有这样的初心并去实施），可以把这个层级定义为风向层。

第三个层级是一些创业成功的企业家、行业巨头。他们赶上了风口成为富豪，但如果不谨慎小心地驾驭财富，也有返贫的可能，这个层级可以称为爆发层。

第四个层级是那些拥有资源、人脉的人。他们可能并不是资本行业里的专家，但却能够跨界玩得开，一旦得到资本大佬们的信息支持就能赚到不少钱，这个层级也叫资源层。

第五个层级的人与资本关系密切，他们运作资本，做一些投资产品的增值，但自己的资本并不多，属于与资本靠得最近却又没有多少资本的人。我们称之为资本运作层。

第六个层级是一些靠着技术、能力赚钱的工作者。他们能力越强、名声越大,财富就越多,这一层级称为溢价层。

第七个层级的人就是被称为中产阶级的人。他们有车有房,平时也做一些小本投资,他们表面上生活在上层,其实还属于社会的底层,他们对自己的生活小心翼翼,对自己的投资也谨小慎微。

第八个层级的人就是最普通的打工一族。起早贪黑朝九晚五,挣着最微薄的工资,没有依靠感,也没有太多资产,过着手停嘴停的生活状态,被投资界称为"韭菜层"。

因为财富的层级不同,对于投资的思维也有很多不同,那么赚取财富的层级也就会出现本质的区别。

第一,财富层级越低,赚钱能力越弱。

我们把前面财富层级倒推一下就会发现,处于层级越低的人,对于赚钱的把控能力也越低。如果第一个层级(神秘层)掌握着大量资本,能够左右资本市场的话,第八个层级(韭菜层)的人,甚至连资本市场都进不去,即使进去了,大部分也是被收割的命运。

层级低的人,对金钱非常渴望,属于心里有钱、口袋没钱的一类,这类人属于幻想型,天天盼望天上掉馅饼,梦想有一天也能赚成富翁,却没有富翁的心态和行为习惯。习惯了坐、等、靠,骨子里没有奋斗的欲望和独立上进的勇气,获取金钱的方式,要么是盲目型的,比如幻想买彩票中头彩,或者是游手好闲不学无术,年轻时啃父母,年老时拖累儿女,这一境界的人,他们的命运寄托在他人手里,一旦有一天依赖的源头断掉了,自己就会变成无根之草,随风飘摇,没有任何和生活讨价还价的余地。

第二,有了一些资本,为了扩张不择手段。

比如我们前面说的处于第三个层级(企业经营者),积累了一

投资和你想的不一样

定资产的人,他们有了一些资产,从而也对钱产生了更多的欲望,一旦对钱的认知和渴望超越了道德底线,就会走偏,会为了赚钱,出卖诚信和良心,不择手段地去伤害他人。我们在报道中经常听到看到的,诸如毒豆芽、地沟油、添加剂超标的食品,经营假化肥、有毒奶粉等,干的都是些损人利己、出卖良知、违法乱纪的事情。这类人,也许凭借钻法律和监管部门监管不力的空子,短期能赚到一些昧心钱,一旦东窗事发,注定会倾家荡产,不走正道得来的钱来得容易,去得也容易。

第三,自食其力,用劳动换取财富型。

我们前面提到的那个靠着技术和能力赚钱的人,能力越高,名声越好,赚钱越多的那一层级的人属于自食其力,用劳动和技术获取财富的人。比如医生、律师、作家等。生活中这一层级的人占绝大多数,这类人能够认识到金钱的重要性,也能明白获取金钱需要自食其力,要采用合理合法的手段。他们终日奋斗,用劳动和时间去换取金钱。与处于中产阶层的那些人一样,需要养房子、养孩子、养车子,攒一点余钱,偶尔小资一下并不敢有太多的休闲生活,往往手停嘴停,靠出卖个人劳动价值换取金钱,内心充满很大的不安全感,唯恐下岗、失业或身体有恙。努力上进,晋职称,升职位,跳槽去更好的单位。一开始可能是生活所迫,被钱赶着往前走,到了一定的程度,积累一定的财富之后,由于内心的恐慌感,又会被钱牵着鼻子走。这一境界的人,一生都在拼命地追逐金钱,他们的人生不一定会特别精彩,但也不会太差。毕竟知道一分耕耘一分收获,较前几个层级的人,有了很大的进步,有着最朴素的生存之道和赚钱之道。

第四，用钱生钱，通过智慧让钱增值型。

第二个层级的人，拥有了很多资产，知道钱生钱的重要性，通过各种投资来赚取更为广泛的资金流。他们知道用个人劳动换取金钱毕竟精力有限、生命有限，而让钱生钱才是真正具有智慧的投资理性行为。能够达到这个境界的人，有成为金钱主人的意识，而正是这种智慧，让他们更容易从挣钱的痛苦中挣扎出来。他们不光会"挣钱"，还会为自己的财富构筑管道来"生钱"，钱就像管道里的水，源源不断地流进来。他们通常都有着明确的人生目标，也有较清晰的人生规划，做事有着较长远的目光，不会局限于眼前。

他们知道学习投资理论，进行资产配置，赶上房产周期低价买了房，房子涨价后转手卖掉大赚了一笔。这一境界的人，生活总是过得淡定从容，往往更加幸福和满足。不但知道了钱是什么，还知道了如何让钱自动增值。

第五，通晓财富法则，用德行与格局驾驭金钱。

能够通晓财富法则，用德行与格局驾驭金钱的人，大部分已经到了财富第二层级，这一层级的人大部分具有大格局，人格魅力和行为本身已经超越了金钱本身（比如马云的演讲带动了多少年轻人创业的梦想，他不仅仅有钱，还有德）。他们并不是为了赚钱而去做事情，而是为了更加崇高伟大的意义去做，他们并不会把金钱看得很重要。比如，马云创建电商的初衷是做生意，最后成就了阿里帝国；再如，乔布斯、比尔·盖茨等，他们这些人所做的是改变一个时代、一个国家，甚至是改变世界的伟大事业。人们因为他们的创造而改变了生活，尊重他们拥戴他们。他们为这个社会创造了更多的财富，给人们带来了更多利益。这个境界的人志存高远，生活在社会的最高层，是众人仰望的对象，是一个时代的标杆人物。

所以，财富分层级，投资和赚钱的能力有差异。当然，这个社会80%的人都是普通人，在赚钱的道路上，在资金积累的过程中，不同层级需要不断修炼和精进，也许刚开始达不到前五层级，只能挣扎在最低的层级里。但依然能够从投资自己开始做起，慢慢积累，不断提升，走过努力换钱的阶段，进军到用钱生钱的阶段，最后达到达则兼济天下的胸怀，我想，这才是一个人真正获取财富的正确路线。

第四章
投资影响

投资和你想的不一样

思维不同对投资的影响

人认识世界的不同是由于个人的认知和思维不同，思维不同，看待一件事物也就有了本质的区别。人们如何看待金钱，决定了他们会采用不同的赚钱方式。这样一来，投资出现差异，多数和人的思维认知脱不了关系。比如，以股票为例，同一家公司同一价格的股票，有的人会卖，有的人会买。这就是不同思维造成的观察事物的角度不同，最后采取的方法和措施也不同。

思维不同的人，在投资领域就会分出高下。真正的投资高手并不是通过炒股或买基金赚了多少钱的人，当然，能够通过购买股票和基金发家致富的人属于高手的一种。买股票和基金赚钱，都属于二级市场投资。很多真正的投资高手和投资大师都是在一级市场投资，甚至是做天使投资人。

比如，普通的投资者会说："这是一家好公司，可以买进股票。"高手投资者会说："这是一家好公司，投资人都会认为这是一家好公司，因此它不是一家好公司，股票的估价和定价都过高，不能买进股票，而是要卖出股票。"这就是思维不同造成的高手和普通人的区别。

思维不同决定人与人之间的思考方式不同，爱思考的人不一定是一个富人，但高手和富人一定是善于思考的人。因为思考是让一切做出改变的开始,也只有通过思考,才能不断完善自己的认知,让一切发生改变。很多功成名就的富人爱思考,借助思考,他们更容易找到获取成功的突击方向,可以在阻挡自己的障碍上找到突破口。

如何才能赢得财富,那些投资高人身上是否真的具备一些独特的思维和品质?他们和普通人的区别在哪里?这是我们要探讨和学习的。

世界上穷人、富人的根本区别有时候并不在于彼此拥有金钱的数量,金钱作为衡量财富的一种标的,并不能代表全部。穷人和富人的真正区别,很大程度来自思维和价值观以及看待事物的角度不同。尤其从投资角度,我们可以更清晰地了解这两种思维产生的不同结果。

思维和价值观来自哪里呢?首先来自成长背景和受教育程度,大部分富人群体都有着良好的成长背景,要么是家庭优渥,要么是受教育程度宽广。

比如,乌镇饭局的大佬们,全是当年的学霸、高考状元,就读的大学都是国内一流名牌大学。这些富豪毕业于名校并不是小概率事件,《国际金融报》的记者对中国A股500名上市公司的高管的教育程度做了分析和调查,最后发现,84%拥有高学历,48%毕业于985学校。在476位已经披露学历的年薪超百万的董事长中,有379位第一学历为本科,占84%。

当然,上了名校不一定就能成为富人,但我们不得不承认一个事实,上名校不一定要有出路,但不上名校出路会更少,更谈不上成为富人。名校里有彼此效仿、学习的榜样和目标,比如哈佛大学毕业的人，不是从政就是从商，大部分人都混得风生水起。因为哈佛大学那个环境已经给很多学子种下了财富的种子。

如果家庭条件优渥加上教育背景深厚，那么就会有很高的起点，然后在薪资待遇或其他工作的选择方面就会比普通的人多了更多机会。

所以，我们要换个角度去看待学历，才能少走一些弯路或突破以往大部分人的认知。

当然，家教和学历固然重要，但对于财富的积累，不能单靠一门技术或学历，还要用发散思维，去想拥有更多的可能，这样才能打通更多的财富通道。

如果学历是重要的，那么还有非常多的人拿不到高学历，怎么办？真正的出路离不开读书，有句话讲得好：读书是最低门槛的高贵。大学是一个人进行深造和镀金的地方，但是社会更是一个锻炼场，出了校门才能真正拉开人与人之间的差距。前面我们提到的那些大佬，除了毕业于一流大学之外，走上社会读书是他们每天的必修功课。李嘉诚说他一年要读500本书，平均一天读两本书。读书喂养精神，运动喂养身体，灵魂和身体总有一个在不断向前，这才是一个人真正能胜出的根本。

而且当一个人的思维和眼界拓宽以后，就会打破之前固有的思维模式，不会因为眼前的利益而忽略了长远的发展。既能看到风险，也能看到风险背后的利益。

处于金字塔顶端最富的那群人，一定有着超乎常人的头脑或思想，他们对公众热衷的事情能够有自己的冷静分析和理性思考，最终得出自己的结论来指导自己的行为，这才是富人之所以富有的根本。比如，马云没考上大学前骑着三轮车卖杂志报纸，但他在出国后能立刻看到电子商务是未来的发展途径，因为这个观点比普通人早了20年，借势而起成了中国首富。

所以，思维层级的核心是你读的书越多，思考得越多，掌握的规律就会越多，思想层次也会越高，越容易获得更多的实用规律和技巧，思想进步速度也会越快，对世界的认知速度就会越快。读书如此，思考如此，积累财富亦如此。

在思维方面有一个经典的对话，问一个没有成功的人："你为什么不去创业？""我没有钱怎么创业，万一赔了怎么办？"同样问一个已经成功了的人："当初，你为什么要创业？""因为我没有钱，所以要创业。""那赔了怎么办呢？""我当初就想着万一赚了呢。"

所以，很多时候造成人与人的不同的，多数不是钱的多与少，而是思维的高与低。因为思维不同，所以对于投资的影响也不同。

在生活中，我们要有意识地去培养自己的思维方式，无论是在哪种投资上，遇到问题的时候，我们可以多想想：现有的是最好的处理方法吗？是否还有更合适的方式？如果换一种方式结果会怎么样？如何去权衡利弊呢？这需要我们善于探索性思考，更好地认识自己和身边的人及事物，这也是我们创新改变的基石，有助于发现和利用机遇，实现自己的目标。

投资和你想的不一样

圈层不同对投资的影响

网上流行这样一个段子：

普通人圈子，谈论的是闲事，赚的是工资，想的是明天。

生意人圈子，谈论的是项目，赚的是利润，想的是下一年。

事业人圈子，谈论的是机会，赚的是财富，想到的是未来和保障。

智慧人圈子，谈论的是给予，交流的是奉献，遵道而行，一切将会自然富足。

这些圈子的形成就是一群彼此相同的价值观的人聚在一起，组成了一个互相影响的团队与层级。所以，圈子很重要，和优秀的人在一起很重要，跟什么样的人就会成为什么样的人！

圈层的意义和本质代表的是一种价值标签，一种有共同特性和价值观的群体。这个群体中的人大部分拥有相同或相近的认知水平。圈层的建立并不是来自自己亲近的人或有血缘关系的人，而是往往来自那种八竿子打不着的人，这些人有着不同的生存空间和生活领域，往往能带给别人新的感受和认知，甚至能够彼此跨界合作，互相促进。圈层不是同学圈，不是同事圈，也不是战友圈或家人圈，更多是生意场上的合作伙伴，跨界联系的异业联盟者。

在《超级人脉》一书中，对于圈层有一段描述：他是你天天见面、无所不谈的亲人,她是你彼此信任、同呼吸、共命运的同事或朋友,但他(她)们并不一定能成为你成功道路上的引路人;他是你酒桌上偶遇交谈的陌生人,她是你微博里短暂互动的网友,但正是这些泛泛之交,有可能会给你带来意想不到的帮助,甚至改变你的一生,这就是弱联系、强连接的理论。

整天跟你混在一起的这帮人,很可能干的事跟你差不多,想法必然也很接近,如果你不知道有某个工作机会,他们又怎么会知道?只有"弱联系"才有可能告诉你一些你不知道的事。

相关资料显示,股神巴菲特一生中的大部分时间,是在他的家乡奥马哈小镇度过的,这个面积仅有236平方公里(相当于北京某个区一半大小)的小镇上却住着200多位亿万富翁。这些亿万富翁中的大部分人对投资理财并不精通,但他们坚定地跟着巴菲特投资,晚餐过后,与巴菲特打打桥牌,听取他的投资建议,在谈笑消遣中便迎来人生机遇,奥马哈小镇因此被称作"投资界的麦加"。

投资本质上,是人脉、信息和经验的结合,而这些恰恰得益于圈层的帮助与流动。圈层中的人,可以彼此分享信息和经验,共享和拓展人脉。投资是一个典型的圈层化产物,募投管退每一个环节都高度依赖于人脉和圈子,圈层不仅可以弥补能力和认知上的不足,而且在项目源的获取、资金的募集以及投后管理方面能给予你极大的支持,还能够抱团取暖,共同抵御经济下行周期的系统性风险。

近年来,人们越来越发现圈子层的重要性,无论从信息共享还是跨界合作,没有圈子的单打独斗已经成为过去时。正所谓"近朱者赤,近墨者黑",自古以来,圈层都在社会发展中占据着重要地位。胡润说过,"十年前,富豪们买楼更多的是关注地段和开发商的品牌,而如今,地段所占的因素明显弱化了,圈层所占的因素明显强化了",富人们越来越看重圈层,这也是富人越来越富有的重要原因之一。

对于圈层的影响,我们中国的孟母是有远见卓识之人,她意识到一个圈子、一个环境对孩子的影响,于是不惜三迁,只为了给孟子找到更适合他成长、有利于他成长的环境。

圈层对人的影响有一句话形容得很好,一个人的成功就是他所接触的五个人的平均值。一个人取得多大的成就,跟他的圈子有多大、圈子的质量有多高脱不了关系。优质的圈子里面生产优质的内容,即使每天话家常,水平高的人往往也能给人不一样的影响和作用。

比如,马云有泰山会,马化腾有潮汕帮,他们还有个共同的华夏同学会;雷军有雷军系,李开复有创新工场……

魏晋风流名士兰亭雅集,曲水流觞。

欧洲上流社会贵族沙龙聚会,传世流芳。

圈层已经是这个时代必不可少的话题和资源,你的人脉有多广,在于你加入了什么样的圈子,同时一个什么都懂的人,往往接触的是三教九流各式人等组成的圈子。圈子风格不同,那么所获得的信息也就不可能雷同,信息代表资源,资源越多,成功的机会越多。

圈层里面不同的人脉资源和信息资源,对投资成败有很大影响。

两个风险投资者中如果有一个是名校毕业的,其投资的这个公司将来能上市的可能性会提高9%。如果他的搭档也是名校毕业，则提高11%。所以按能力选搭档，哪怕你把能力简单地用学历代表，都能增加成功概率。可是如果选一个以前跟你在同一个公司干过的同事搭档的话，会让风投成功的概率降低18%。如果选校友，降低22%。如果选"族人"，降低25%。

所以，无论是风险投资，还是选择圈层，应该是一个从来没跟你进过同一所大学、从来没跟你在同一个公司工作过、跟你不是一个种族的高学历者。

听过很多成功人士的分享，除了努力，他们都在强调的很重要的一点就是主动去找更高级别的圈层，为了进入更高级圈层，他们不断地提升、成长。

普通人很难做到成功，无论是投资成功，还是创业成功，抑或是营销成功，关键因素就在于低阶圈层所造成的不好的影响力。良好的圈层可以促进你的学习，为你带来优秀的人生。你的圈层直接决定你的人生上升趋势！优秀的圈层，将带给你优秀的人生轨迹！

所以，当一个人要考虑创业、合伙，甚至想要投资寻找有用信息的时候，就要有圈层意识，就要拓展自己的人脉弱联系，不局限于校友、同事、老乡等，而是多结交三教九流，不同领域的人。明白了这个观念，然后去拓展人脉，向更高级别的圈层迈进。

人生最大的投资，不是房子，不是股票！是跟什么人交往，跟随什么样的人，交什么样的朋友，其实就是你投资什么样的人！而这是对人生影响最大的。钱不会给人机会，房子也不会，只有人会给人机会，只有人会帮人！

这就是圈层的意义，也是圈层对于投资的影响。

能量不同对投资的影响

人们都有一个感受，一些成功的人或修为非常好的人身上有某种能量，拜见者一见便会生出某种感觉，或喜悦，或宁静，这种迹象被人们称为"能量"或"吸引力"。能量虽然看不见、摸不着，但是它的作用不可小觑！

能量是一种真正的富足，包括时间、爱与财富。你是以身教来教别人，当你对自己的生活没有富足的感觉时，很难帮助别人去过富足的生活。一个正在体验匮乏、在生存边缘生活的人，是无法成为别人学习的典范的。

网上有一个关于"好人品是好风水"的故事，这个故事实际上就是在诠释"能量"：

有一个人，请了风水先生去看风水，在去往他家墓地的途中，远远看到墓地的方向，鸟雀纷飞，惊慌失措。

于是他告诉风水先生："咱们回去吧，这时候鸟雀纷飞，肯定有小孩在树上摘杏呢，我们去了，惊扰了他们事小，失手跌落下来事就大了。"

这时风水先生告诉他："你家这风水不用看了，就你们这样的人家，干什么都会顺顺当当。"这个人很奇怪，就问他为什么。

风水先生告诉他："你不知道吗？人间最好的风水是人品！"

风水的原理是什么呢？就是佛法中非常核心的四个字——"心生万法"，非常简单，但是大道至简。外在的事物影响了心，心反过来就会影响一切，所以改变风水从根本上讲就是改变心，只要能够让心感到美好，感到喜悦，就是好风水。而我认为，所谓的风水就是一种"能量"。

谈投资我们为什么要谈能量？因为一个人能量的不同对投资和财富的影响也不同。

汽车大王福特不是一个吝啬的人，但他却很少捐款。他认为，金钱的价值并不在于多寡，而在于使用方法。他最担心的就是捐款会落到不善于运用它们的人手里。有一次，乔治亚州的贝蒂校长为了扩建学校来请求福特捐款，福特拒绝了她。贝蒂说："那么就请捐给我一袋花生种子吧。"于是福特买了一袋花生种子送给了她，福特后来忘了这件事情。一年后，贝蒂又登门了，交给了福特600美元。学生们播种了当初福特捐的那一袋花生种子，这600美元是一年的收获。福特什么都没说，立即开了张600万美元的支票给贝蒂。

为什么福特最初不捐，看到了校长带来的花生收入后又慷慨捐助呢？因为福特作为一个经营有道又知道财富意义的人，他看到了一种正能量，这种能量让他非常放心地把钱给这样的学校和校长。而校长和孩子们，向福特传达了一种能量，就是善待钱财，回馈别人的付出，让钱变得有价值。福特的"吝啬"绝非多余，太轻易得来的金钱往往很难让受施者领悟到金钱背后饱含的苦与智。我更赞赏贝蒂校长对点滴布施的至高尊重，她带领孩子们撒播下的，是足以证明他们有决心和能力承受他人恩惠的种子。

投资和你想的不一样

　　能量是一种看不见的东西，财富的本质其实就是一种能量。也就是说，通过能量守恒定律，能量是可以通过一定的方式转化成财富的。既然是能量，财富存在于哪里呢？既不存在于我们某个人手中，也不存在于某一个地方。它存在于地球上任何一个有形的可以用来交换的物质上。根据这个逻辑推理钱是物质，物质是地球的，那再多的钱财都是世界的，是这个宇宙的。我们每个人在有生之年用钱去享受能量，当命数气尽跟世界说拜拜的时候，钱财我们带不走。我们连自己的肉身都不能带走，何况是为这副皮囊服务和调遣的其他物质呢？

　　财富是能量，能被吸引。凡是有钱人都有足够强的能量，能量越强的人越能吸引更多的钱，越是拥有负能量，你就越穷。我们发现，很多有钱的人，都是非常乐观的，他们遇到困境后从来不会消极。赚钱也是一样的，你要拥有多少金钱，首先就得改变自己的磁场，磁场改变了，金钱就自然吸引来了，改变磁场的方法，就是跟有能量的人交往，身边没有这种人，你可以多读圣贤书，圣人都是能量非常强的人。慢慢地，不知不觉中，你的能量就会发生改变，你赚钱的思维也就发生变化，思维发生变化后，你做某件事情的成功率就非常高，钱就自然而来。

　　能量与"吸引力法则"相关，我们在生活中不难发现，我们身边一些好事和坏事都是自己吸引来的，有时候我们之所以失败，因为我们相信失败；之所以成功，是因为我们相信成功。你处于什么样的频率状态，就会吸引同等频率状态的人或事物到你身边来。也就是说，任何事情的发生都是正合适的，因为它是你此时状态下所吸引的唯一该发生的事情。

很多研究和科学实验结果表明，因为每一个人的能量层级都是由这个人的信念、动机、行为准则和心灵境界决定的，而一个人的能量层级又决定了这个人一生的一切，所以我们每一个人最终将会为我们自己的每一个念头、语言或者行为负责，并将重新体验那些我们使别人遭受过的痛苦。

宇宙有一个潜在的法则，世界上的每一个人都受这个法则的制约。这个法则告诉我们，一个人意识层级进步的前提是，这个人必须有一个开放的思想和空杯的心态，同时必须有一个自我提升和进步的强烈渴望，这个自我提升的渴望越迫切、越强烈越好。

在人类意识进步的历史上，最常见、最危险的愚昧无知，是囿于保守、固执、僵化、死板的错误信念和狭隘视界，拒绝相信虽然无形、无象但是已经存在的事实和已经存在的真理。一个人要想取得意识层级的巨大飞跃，首先要放弃"我知道"这一错觉，因为光永远无法照进一个封闭的箱子。

影响一个人对事物的评价的，不是事物本身，而是个人的认知和观点。比如人性本善还是人性本恶，人善良是观点还是事实？是观点，如果你认为人性本善，就发现好人还是蛮多的。如果你认为人性本恶，你发现坏人也挺多的，但人究竟是善还是恶？取决于你的意识和价值观。

假如我们相信一个目标能完成，我们的大脑就会找方法、找资源，就有机会达成目标。假如我们认为目标不可以完成，就会找借口，借口比方法更好找，所以结果就是完不成目标，最终会失败。当一个人不相信的时候，结果就已经注定了，当不相信目标能完成的时候就不会朝着这个目标去努力。而这也是正负能量的分界点。

如果我们自己的意识和价值不改变和提升,就会一直处在一个较低的能量层级之中,就会吸引很多不好的人或事物。一旦进入新的级别,整个人生会完全不同。

所以,很多人虽然在不断学习,扩充知识,却很难真正成长,生活也没有明显的改善。原因在于,虽然头脑的知识量增多了,可是能量级别没有改变。如同自行车与汽车,即使自行车安装再多的加速工具,也仍然赶不上汽车的功率。

任何事物、任何人和社会都有正面和负面,要学会关注正面。你的焦点在哪里,你的世界就在哪里。你买了一部苹果手机,发现用苹果的人特别多。不用苹果了,改用华为,发现用华为的人也不少。你买辆车是奥迪,开奥迪的人特别多。假定你买了别克,开别克的也不少。假定你老婆怀孕了,你会发现街上孕妇特别多。是不是一夜之间多了那么多孕妇?当然不是,是你的注意焦点改变了。所以,让我们都关注正面,把注意焦点放在那些对你有价值的事情上面。创业如此,投资如此,做什么都如此,只有心朝着积极正向的一面,才能吸引同频的人和事,进而达到正面的结果。

对策篇:
投资不仅仅和钱有关

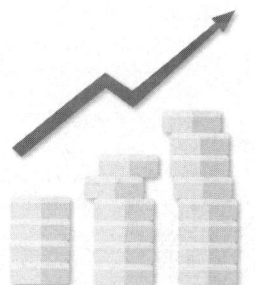

第五章
精进：学习型为基础

持续不断的洞察力和学习力

洞察力说得最直接一点就是能够看穿人或事物的能力。也就是通过一个人或一件事外在的现象看到其内在和本质。洞察力就是学会用心理学的原理和视角来归纳总结人的行为表现,首先要察言观色,进而从根本事物的表象进行逻辑推理。

比如,《福尔摩斯探集》里有过一段,华生初见福尔摩斯,就被福尔摩斯的洞察力所震惊。福尔摩斯对他说:"你去过阿富汗,我看得出来。"之所以一眼就能看出来,是因为福尔摩斯具备了一个神探的洞察力。他是这样推理出来的:

这位先生是从事医学工作的,明显有军人风度,那就清楚了,是个军医;他是从热带地方刚回来,因为脸晒黑了,可他本身皮肤并不黑,因为他的腕关节白着呢;他经历过磨难,身体有病,这从脸上一望便知,形容枯槁;左臂有伤,使唤起来有点僵硬,不自然;那是在热带什么地方,让一位英国的军医吃了许多苦,还伤了一只胳膊呢?这不用说,阿富汗呗。

当然,小说里面的福尔摩斯是神探,有着我们普通人难以企及的洞察力。但是要想成为一个优秀的投资人,洞察力却是一个不得不学习的能力。洞察力是指洞察事物本质的能力,可能是人最重要的能力之一。无论是股神巴菲特还是苹果之父乔布斯,都是极有洞察力的人。

洞察力分为直觉力和逻辑推理能力，所谓直觉力就是要靠内在的指引，内心的潜意识，没有经过逻辑推理就能把握事物本质的能力。比如，我们常说的第六感觉、直觉等，这些都属于直觉力。直觉力很神秘，来去无踪，很难把握。乔布斯的直觉力是非常强大的，他自己说过，很多重大的决策，他都是凭直觉做出来的。逻辑推理能力就是那种接受过严格的学习和培养，在直觉的基础上形成的，经过认真推理，一步步论证最终证实了直觉的结果的一种能力。这两种能力的灵活运用，就是非常强大的洞察力。

投资不但是一项能力，还是大部分人一生的事业，只有修炼到足够的能力，才能将投资这项事业进行到底，并且让这份事业发扬光大。这个能力首先包括对未来的预测、对消息的理解，以及投资人的阅历与经验。最终这些能力组成了投资者超强的洞察力，帮助投资者清晰深刻地分辨出事物的异同点。比如，从投资项目的选择上，能够看到摩拜和 ofo 的异同点，茅台和五粮液的异同点，格力和美的的异同点，再细到上市公司公告的措辞或者管理层发言的前后变化等，均需要洞察力。

洞察力不是靠传授得来的，而是需要长期丰富的投资实践经验养成。强洞察力往往看起来像"直觉力"或"潜意识本能"。事实上，很多投资成功的人靠的是直觉，而这个"直觉"是在长期的投资实践中慢慢积累起来的经验。

洞察力的积累离不开学习，只有取众之所长才能为己所用，并且形成自己独特的洞察力。而且在投资这条路上，学习力更是一个优秀投资者必不可少的能力。市场在变化，产品在更迭，投资的方法和途径在日新月异，如果故步自封不与时俱进，不但不能让自己进步，还会面临被淘汰的风险。就像张泉灵说的："世界正在翻页，如果我不够好奇和好学，我会像一只蚂蚁被压在过去的一页里，似乎看见的还是那样的天和地，那些字。而真的世界和你无关。"

只有拥有持续的学习力，才能与外界不断发展的社会有对话权，否则当你跟别人谈论一个创业项目、一个投资项目的时候，根本不知道对方在讲什么。想与高手对话，首先得把自己变成高手，所以，无论是本专业学习还是跨专业学习都是要做好一个投资人最大的特征。

加之社会发展，新事物层出不穷，当你今天刚学会了互联网金融，明天已经有了区块链和比特币，当你刚掌握了比特币的知识，又有了大数据和人工智能，社会推动着一个人不断努力，也牵动着每一个投资者的好奇心和求知欲。

对于学习力，有很多值得我们学习的优秀者，比如巴菲特每天要读财经报，广泛涉猎各个领域的知识；俞敏洪一年的阅读量是200本书。查理·芒格曾说过这样一番话：我不断地看到有些人在生活中越过越好，他们不是最聪明的，甚至不是最勤奋的，但他们是学习机器，他们每天夜里睡觉时都比那天早晨聪明一点点。每个优秀的人都是具有超强学习力的人，善于学习，广泛学习，跨界学习是他们最大的特点。

我们放眼古今，无论是头悬梁锥刺股，最后凭智慧游说六国实现合纵抗秦的苏秦，还是当今在各行各业做得风生水起的各路大神，他们无不是在背地里慢慢打磨自己、淬炼自己。更现实的是，越是站在高位的人，往往越需要持续学习，否则便很容易从高处跌下。不管是什么时代,在什么环境里,持续学习,不断自我精进,都是每一个优秀的人必须具备的素养。

有了强大的学习力才会慢慢培养和锻炼出更强大的洞察力,反之亦然,有了强大的洞察力才会知道学习是终生的信仰,无论是做什么样的投资,只有具备了洞察力和学习力才能走得更远,看得更高。

正确的投资心态和风险把控力

有人形象地比喻投资机构,大机构像乔木,长得慢但根扎得深,能当栋梁;小机构像灌木,长得比乔木稍微快一些,但根扎得浅,很容易被连根拔起。而个人投资者则是像茅草,野火烧不尽,春风吹又生,虽生生不息却年年枯死,然后变成肥沃的土地,为灌木和乔木提供营养。错落灌木丰富着生态层次填补空隙,乔木则孜孜不倦地吸收着枯死茅草的养分越长越茁壮。

决定投资者成为乔木或灌木或茅草的,除了资金实力之外,还有投资心态和风险承受力。

一阵风刮来,乔木因根扎得深极少能被撼动,而灌木最多也就伤亡少许,而茅草则不同,往往大面积被摧毁。所以,真正的优秀者或优秀的投资机构,需要在大风大浪里学会摆正投资心态及提高抗风险能力。

投资和风险成正比是大家都知道的事,但依然有很多人只看

投资和你想的不一样

到投资的收益却不顾投资的风险。最后变成被烧的野草,被割的韭菜。

一个投资高手应该是,能够连续多年获得稳定的复利回报,经年累月地赚钱而不是一朝暴富,常赚而不是大赚。投资资本市场的高额利润应来源于长期累积低风险下的持续利润。职业高手只追求最可靠的,只有业余低手才只关注利润最大化和满足于短暂的辉煌。这也是多数人易现短暂辉煌,难有长期成就的根本原因。

正确的投资法则离不开两点:一要懂市场行情,二要懂控制风险。

大部分投资者会抱着赌一把的侥幸心理,总想着一夜暴富和快速发财,这就等于忽略了市场行情陷入了盲目赌徒的心态,不用专业知识去做分析,不总结以往的历史经验和教训,从而成为新一轮投资被收割的韭菜。这也说明,带着这样心态的人往往是不懂控制风险的、不谨慎的、往往最后会面临投资失利造成更大的风险。

巴菲特之所以被称为"股神",就是因为他有着神一般的投资心态和对风险的把控能力。在《巴菲特之道》一书中,作者总结了巴菲特有两个特点:首先,心态冷静,坚信自己的判断和经验。投资者最难得的就是当别的投资者都出现贪婪的时候,自己能够冷静做到不跟风,这样就不会头脑一热进入投资误区。为了实现投资目标,巴菲特认为即使在市场剧烈波动的时候,投资者也需要保持投资思路的一致性,形成完善的投资思路,保持个体的独立性和理性,克服贪婪与恐惧等人性弱点,尽可能地放长眼光,抓住投资机会。

其次,眼光长远,有耐心,对风险有自己的判断和控制。跌宕起伏的资本市场，对投资人形成一定的考验。巴菲特认为，做出投资判断之前，投资者应当全面地分析企业的基本面，甄选真正具有竞争实力和发展前景、估值合理的优质公司。基于对公司研究的基本价值，投资者在任何时候都能够做到心有一杆秤，能够给予公司较为准确的定价，保持耐心，放长眼光。在个股下跌时，能对公司成长价值进行理性判断而干预买入，在股价疯涨超过其合理价值时也不会害怕卖出。

市场是瞬息万变的，投资者一定要看清市场规律及时对自己的策略做出调整，在感到有危险时，懂得以小损止大亏。不要独钻牛角尖，使自己钱财两空。投资者首先要考虑自身的实际情况，在对自己的情况充分了解之后，再制订一个长期的投资计划，量力而行才能越走越远。在自身承担能力的范围内进行投资，适合自己的才是最好的。

不正确的投资心态会使投资者自大自傲，尤其是初次尝到一点投资甜头以后，往往容易变得情绪激昂，被自己的情绪控制。

赌徒愿意一次次地赔钱，只为了一次赚钱的快感。成功的交易者对风险进行量化和分析，真正地理解并接受风险。为什么会有成千上百的人分析起技术图表来头头是道，但是真正优秀的交易者却凤毛麟角？原因在于他们需要花费更多时间在自己的心理学上，而不是分析方法上。

而学好心理学、哲学，能够锻炼一个人的投资心态，有了正确的投资心态后，对于风险的把控能力也就提高了。

反脆弱力和抗压力

"反脆弱"这个概念源于美国畅销书作家塔勒布教授的同名书籍《反脆弱》。说到"反脆弱",首先我们要知道什么是脆弱,比如跑步摔了一跤,腿折了,这很脆弱;一个玻璃杯,从桌子上掉下来,碎了一地,它也是脆弱的;甚至于整个世界和地球都表现了脆弱的一面,"5·12"地震毁了多少建筑物,带走多少生命,这是脆弱;"9·11"事件的发生,让固若金汤的政治中心也变得很脆弱。那么,什么是反脆弱呢? 如果一个东西掉在地上,不仅没有破损,而且还能从中受益,这才叫作"反脆弱"。比如我们常说的弹簧,压得越狠弹得越高,这就是一个典型的"反脆弱"现象。再比如球,扔出去弹回来,也是反脆弱现象。

所以,真正的反脆弱能力就是塔勒布教授所说的那样,有些事情能从冲击中受益,当暴露在波动性、随机性、混乱和压力、风险和不确定性下时,它们反而能茁壮成长。不过,因为没有合适的词语来形容脆弱的对立面,所以,姑且叫它反脆弱性。他认为,几乎所有的事物都可以分为三类:脆弱类、强韧类和反脆弱类。脆弱的事物喜欢平静的环境,反脆弱的事物在混乱中成长,强韧的事物并不太在意环境。简单来说,变化或不确定性会摧毁脆弱类事物,却会使反脆弱类事物获益,但不会对强韧类事物产生影响。

投资就会面临很多不确定性，也会因为错误的选择让金钱打水漂，这显然是脆弱的。但能够在不确定性中寻找规律，在错误的投资选择中吸取经验、规避再次犯错，就是一种反脆弱能力。

沃顿商学院一个教授专门研究创业成功的大企业家，发现这些人几乎都是脚踩两只船创业的，一边上着大学一边搞创业，这个单子如果拿下来就干，如果拿不下来，接着读书去。这其实就是一种反脆弱能力，不像大多数普通的打工族，从大学毕业找到一份工作以后就视为毕生的追求，一旦失业（尤其是中年失业）就觉得前途一片渺茫，而那些大学毕业选择创业的，刚开始可能并不稳妥，没有打工者月月有工资，但是后续一旦创业成功，哪怕不成功也积累了不少人生经验，就不会存在失业的风险，自身就具备了一定的反脆弱能力。

很多事情都可以锻炼反脆弱能力，比如，让自己不止一种收入来源，经济上避免将太多的生活期待寄托在工作收入这一个支点上；经常锻炼身体让自己保持健康；让自己变得开放，从周围比自己优秀的人中汲取能量；为后面可能出现的问题提前防范，如给自己和家人买保险；尽可能减少投机带来的风险，比如重仓频繁买卖股票；等等。

生活中确实存在"脆弱型的人""坚强型的人"以及"反脆弱型的人"，脆弱型的人往往是思维单一，害怕风险和失败，一旦遭遇挫折或失败很难就地化解。"坚强型的人"往往心智较成熟，既有坚持不懈的精神和品质，也能够直面困难，属于不轻易被打垮的一类人。最可贵的是第三种人，也就是"反脆弱型的人"，他们大部分拥有成长型思维，特点是复原力超强，而且具有一种在"不确定性中获益"的能力。他们把任何挑战都当成是一种自我锻炼,在挑战的过程中不断自我迭代,持续成长。在"反脆弱型的人"眼中,没有成败,他们更看重的是"成长"。一旦具备了"成长思维"也就具备了在不确定世界的抗压力。

很多成功的人、优秀的投资者,都会经历很多波折,也会面临各种各样的困难,他们的成功就是一部失败成长史,可以说正是因为经历了九死一生,他们才能够获得更高的成就,才能将自己的事业做得蒸蒸日上。无论如何,经历各种坎坷和挫折,几乎是创业成功的一个先决条件,人们只有在各种挫折中掌握更多的经验,把握正确的方向,获得更大的勇气,才能有效应对更多的问题,才能让自己和企业一同成长,或者说,企业的成长本身就是建立在创业者本人的成长基础上的。这也是一种反脆弱能力的锻炼与提升。当一个人的反脆弱能力越来越强时,抗压能力也会越来越强。

比如,马云也不是一下子就成就了阿里帝国的神话的,在创办阿里巴巴的时候,曾经一度缺乏资金,整个公司根本无法维持下去,但是马云仍旧咬牙坚持,所有的工作压力最后都变成了融资的动力。这就是一种反脆弱能力变成的抗压能力。马云也经历过互联网的寒冬,很多互联网企业撑不下去哀鸿遍野,而马云坚守自己的梦想,在最艰难的时候顽强地维持阿里巴巴的正常运营,最终杀出一条血路,成功逆转,把阿里巴巴推向了高峰。

俞敏洪也不是一下子就成为新东方教育之父的,在创办新东方之前,他经过四次高考,好不容易找到留校机会又因为课外兼职被迫离职,开辅导班,自己到街头贴招生广告等,一步一个脚印走过来,最终把新东方推向了华尔街上市。

乔布斯也不是一下子就成为苹果之父的，他也曾被自己创立的苹果公司开除，他还曾面临严重的财务危机，甚至在面对癌症时也乐观地抗争了8年。在整个创业生涯中，他经历了多重坎坷，但多次逆境让他的内心变得更加强大，让他的思想变得更加成熟，让他的人生变得更有弹性。正是因为经历了各种磨难，乔布斯最终将苹果公司打造成世界上最出色的科技公司之一。

任正非作为华为的掌舵人，在创业初期，公司也经历了很多挫折，数次濒临破产，任正非凭着坚忍不拔的精神，带领全体成员最终坚持了下来，把华为做成了世界上最强大的通信设备制造公司之一。

这些成功的人既是创业者又是投资者，他们既有着强大的反脆弱能力，又有着抗压能力，如此才能在挫折过后绝地重生，走出一条辉煌的路。

总之，脆弱性是环境的属性，无论是个人还是机构，无论是创业还是投资，人们都有一个从失败和脆弱中蜕变的过程，人们需要对这个过程保持宽容，需要对成功保持耐心。

要知道，任何人都可能遭遇失败，但是谁能够拥有反脆弱能力，谁就能坚持得更久；谁具备抗压力，谁就能正确地看待自己的处境，谁就可以更快地适应逆境，并成功突围。

第六章
生存:信用型为工具

投资和你想的不一样

信用是投资衍生财富的根基

无论是创业者找人投资还是天使投资人给人投资，真正决定成功的因素离不开经验和技巧，但本质上考验投资人和被投资人的却是"信用"。跟投资相关的事情，就是和钱有关，只要是合作关系，都是建立在互信、互助、互利的基础上，其中这个信任建立的过程是非常关键的，一定不要失去信用，失去信用等于自毁前程，自断后路。举个最简单的例子，如果创业者不讲信用，可能在第一轮能够赢得天使投资人的投资，在下一轮融资的时候，一旦让投资人觉得不靠谱就很难再建立关系了。

信用，关乎每一个人的方方面面，往小了说，说话算话、信守承诺是信用，不爽约、不违约、坚持原则是信用；往大了说，与债权人打交道，按约定的日期还钱是信用，跟亲戚朋友有金钱来往，好借好还是信用。信用可以给一个人带来财富，也可以给一个人带来机会。有时候信用本身就是财富。

我们可以设想一下，如果一个人在银行拥有100万元的信用，另一个人只有1万元的信用，当某个机会来临需要创业融资80万元来启动项目时，那个拥有100万元信用的人，即使手里只有2万元资金，也能迅速通过信用融资开始项目。而那个只拥有1万元信用的人，即使自己手里有50万元资金，也很难获得足够的外在"输血",从而导致机会流失。

所以,信用就是一个人的借贷能力、支付能力,也就是人们常说的,你的信用值多少钱,你就能借到多少钱。借方可能是个人,可能是银行,也可能是投资机构。所以说,信用是投资衍生财富的重要基础。

一个人可能开始的时候没有雄厚的实力来打造自己的财富和事业,但是如果拥有信用,就会赢得别人的信任,慢慢积累起自己的财富和人脉;反之,即使一个人开始有一些财富积累,如果没有信用,也会让人敬而远之,时间久了就会寸步难行。

个人需要信用,社会和国家也需要信用,信用是连接人与人之间、企业与企业之间、国家与国家之间的桥梁,是互相信任的基础和背书。

随着社会发展,国家已经开始重视征信问题,从 2004 年开始,按照党中央、国务院的指示,中国人民银行开始建立全国集中统一的个人信用数据库。截至 2007 年年底,个人信用数据库已经收录了近 6 亿自然人的信息,并为他们建立了信用档案,其中 1 亿人有与银行进行信贷交易的记录。该数据库已经覆盖全国银行类金融机构各级信贷营业网点,一个人,无论是在哪个地方的哪家金融机构借的钱,其相关信息都会被收录在这个数据库中;无论想找哪一家金融机构借钱,不管是在北方的哈尔滨,还是在南方的上海,这家金融机构都能查到您的信用记录。

信用已经成了衡量一个人靠谱不靠谱的基本参照,也是决定一个人能否赢得财富的重要因素。

尤其作为投资者,需要和银行、金融机构打交道,如果没有信用则寸步难行，融资和贷款首先需要考量的是个人征信情况，如果没有信用，不但拿不到钱，甚至还会因为失信问题被封杀。另外，和人打交道的事情也需要信用，老板招聘讲诚信、有信用的员工，员工愿意去有信用的单位工作，所以未来的竞争，就是信用的竞争。信用才是最大的无形资产。

在社会经济活动中，信用代表着财富本源，这个本源是可以无限放大的。同时它代表着：你在别人眼里的支付能力。至于你能把信用转化成多少生产力，并使用出来，这需要时间的累积。所以说财富的三个要素：时间、信用、机会缺一不可。

全民信用时代已经来临

随着互联网时代的发展，大数据时代的到来，越来越多的人的衣食住行都出现了透明化、可视化。所以，一个人的信用很容易通过大数据的分析和判断来采集，你是一个具有信用的人还是一个信用度低的人，很容易被识别。个人信用将会在未来社会中越来越重要！

在之前信息相对闭塞的时代，一个人有了不良的信用记录，换一个地方可能别人并不知晓，所以信用的问题很多人并不十分在意。随着互联网的发展，信息共享越来越广泛，无论身在何处的不良记录都可能被记录并且被共享，被扩散开来，最后变得寸步难行。国家政策也在引导信用的管理和监督，失信的人会被拉进征信黑名单，不但会被广而告之，还会由于征信问题使得自己失去很多便利。尤其随着全民认可信用，呼唤信用的声音越来越强烈，未来社会，人群会被分为两大类，信用好的和信用差的。

信用好的人能够享受很多便利，比如各种免押金的借用，共享单车、图书、雨伞和充电宝等，这些免押金的前提是你的信用综合评分需要达到一定的估值。也就是你的信用等级需要够用才可以，否则不但享受不到免押金借用，甚至会因为失信被执行成为处处"受阻"的那一类人。

据天涯社区经济论坛板块资料显示：

在2018年，阿里巴巴就推出了"信用租房"，对那些信用良好又资金不多的人减轻了资金负担，还避免了黑中介、假房源、恶意违约等行业问题。也就是说，未来的信用租房，可实现信用好的房东，会获得更多租客的青睐；信用分高的租客，不仅可能免交押金，还有可能租金按月缴纳。同时，爱护房源、履约交租都能为租客积累个人信用。信用分越高，权利越大！深圳住建局宣布，只要腾讯信用分达到650分，租房可直接免押金，也就是说看好了房子，直接入住，无须缴纳押金！

另外，除了信用租房外，很多地方都开始了信用免押金服务。比如，悟空租车只要出示你的信用分，在全国200多个城市，2000多个服务点可直接免押金租汽车！看中哪款汽车，开了就走，无须押金！腾讯的微信ETC，未办理高速ETC的朋友，只需要信用分达到630分以上，即可直接申请微信ETC，过高速先通行后付费。另外，还有免押金骑共享单车、免押金租宝宝玩具、免押金租衣服……只有你想不到，没有信用办不到。

可见,全民信用时代已经到来。各行各业都在为"有信用"的人开绿灯。同时,由于把"信用"提到了高度重视的层面上,那么对于那些"失信"的人的打击力度也在增加。

比如办理信用卡、住房贷款时会查征信。绑定个人信用的价值会越来越高,随着信息联网,各种诚信很差的老赖不能高消费,不能出国,不能贷款。住房贷款会根据你的征信查询频次和征信状况来决定你的贷款额度和期限,很多银行系统有自助查询征信的页面,基本会在两周给出中国人民银行查询的个人征信结果。

甚至很多大城市里,会把老赖的名单公示,让人们看到那些失信被执行的人,只要失信了,老赖的名声也就随之被一扫而空。

这个世界对人与人之间的诚信越来越重视了,为此列出了失信名单。那些失信名单,都是曾经有过不良信用的人,然后还进行更多的失信,久之就会被纳入失信名单。

当前社会失信人员越来越多,其受到的影响也是方方面面的,为此他们受到了相应的惩戒。其一,失信人员无法购买高铁或者动车火车飞机票,这是一个比较严重的影响。其二,很多没有及时还房贷而被拉入失信名单的,银行还有权利拍卖你的房子。其三,有时候也会影响你的孩子上学,因为有的学校规定若家长是失信人员,孩子是无法入学的。其四,无法进行贷款,当你紧急缺钱的时候,你都不能进行贷款。

可以想象,信用的力量多么强大。有信用的人能享受很多"免押"的同时,生活质量也越来越好。而失信的人则恰恰相反,被处处限制。所以,就像有人说的那样"要像珍惜自己的生命一样维护个人的信用记录",如此重要的东西,可不能轻易失去。

全民信用时代已经来临，千万不要小看信用这个"财富"，一旦有了信用问题，个人的价值就大打折扣。人而无信不知其可，这是所有人都懂的道理，不论是古代还是现代，要想生存发展并且发展得更稳健更好，就要学会用信用做自己的招牌。既然信用时代已经是大趋势，那么就应该抱着接受的态度去迎接一个新事物，只有去接受并且了解新事物的本质，才可以掌握其中的知识点并加以运用，更好更快地适应新事物的存在，成为一个有信用并受益于信用的人。

守护好自己的征信是财富的根基

信用是现代社会无形的财富，它是世界上最值钱的东西，一个大富豪如果没有诚信早晚会破产，相反，一个一无所有的普通人只要有诚信，他就能和周围建立好连接，最终会过得很幸福。信用是现在社会的立足之本，没有诚信的人没有人愿意和他合作，最多合作一次，等到所有人都发现他不讲诚信，就没有人愿意和他连接，最终使其万劫不复，寸步难行。

所以，守护好自己的征信是财富的根基。

有的人在有困难的时候，心急火燎地找别人借钱，信誓旦旦地保证还款期限，甚至打借条，怎样都行。别人好心也是信任他，把钱借给他，帮他解了燃眉之急后，他却不着急还钱了。即使他有还钱的能力，也不想着赶紧把钱还上，而是先紧着自己花，完全忘了自己借钱时许下的诺言。别人催的时候，他又一脸的不高兴，觉得对方不信任他，心眼太小。这样的人信用价值就会越来越低，人品也会被人怀疑，这样又如何建立人脉呢？没有人脉哪有发展呢？所以，没信用的人等于丢掉了自己的财富。

信用是伴随每个人一生的档案，记录着好或不好的情况。举个最简单的例子，人们打交道的时候都不愿意找有"前科"的人。如果信用不好，就如同违过法、犯过罪一样，是有"污点"和"前科"的人。那么，银行要考核，企业要考核，投资人要考核，合伙人要考核，只要信用不好，就会让别人敬而远之。

另外，一旦产生了不良的信用记录，对个人而言将产生很大影响。首先，不要指望提前消费，比如贷款买房、买车、办信用卡等，这样会严重影响自己的生活水平。同时，目前所有的银行都是全国联网的状态，你在一家银行遭拒，会被多家银行拒之门外，很难得到通融。

如果一个人的信用不好，服务系统也会对其低看一眼，不但不能买火车票、高铁票和飞机票，甚至办理一个共享单车都会有很多不便。尤其是老赖的行为，一旦被贴上老赖的标签，不但自己受累，以后自己的孩子都可能无法上学。失去信用等于失去了大半的自由，甚至会寸步难行。

随着大数据时代的发展，人们的行为和生活习惯以及消费水平，甚至大部分与金融平台打交道的信息都笔笔记录在案，只要有信用问题，很容易被调取和记录，所以不要抱着侥幸心理以为能够逃避监管。

我们每一个人只要珍惜自己的信用，用符合社会道德的行为为自己建立起一个良好的信用，就可以提高我们获得金融服务的可能性。

征信对社会发展具有重大意义：累积信用财富；激励每个人养成守信履约的行为习惯；促进经济金融交易；改善社会的信用环境。征信大数据，记录着每一位国人的信用情况，它将是未来国内发展关注的重点，也将是未来每一位国人的"第二身份证"！

在一个成熟的商业社会，信用就是财富的象征。当信用已经成为一种无形资产，诚信就不再是谁强加给你的，而是一种自觉和需要，因为欺诈已经不合算了。只有当不诚信成为不合算的时候，诚信才会成为人们的自觉。

有句话说得好：一个人最大的破产是信用的破产！哪怕你一无所有，但只要信用还在，就还有翻身的本金。保护好信用，珍惜别人给你的每一次信任，因为有时候我们可能只有一次机会。时间是最好的验钞机！永远不要透支自己的信用！借钱与还钱的态度恰恰是自己塑造信用和人品的最佳契机，也是证明自己人品和信用价值的时候。

滴滴出行创始人程维在一次演讲中，分享了滴滴出行的一次"死亡"片段。2014年年初的一个晚上，滴滴公司面临"内忧外患"危机。内忧是公司账户上没钱，外患是司机集体提现账户为零造成恐慌性挤兑，程维决定向朋友、投资人借钱渡难关。那天晚上10个电话1000多万元，助滴滴挺过了难关。

由此可见，信用不仅能够获得他人的信任和支持，还能够转变为现实财富。而这一切的成功，归因为程维与朋友间长期的信用积累。

我们都要守护自己的信用价值和人品财富，不到万不得已不去借钱，因为借钱本质上是给别人添麻烦。如果必须要靠借钱或贷款来做事情，切记：别人借得爽快，咱还得痛快，这才是真正的体面。

第七章
传承:家族型为目标

投资不但保护家庭，还要保护家族

如今，人们逐渐认识到，投资不仅是财富增长的一种途径，更是保全家庭甚至家族的关键手段。投资已不再仅仅局限于个人和企业，家庭财富的关注点也发生了巨大的变化。高频关键词从"投资回报"逐渐转变为"资产安全"。

提到"资产安全"，首先会想到把钱存进银行，这样月月领利息不就很安全吗？当然，投资有风险是人人都懂的道理，但不投资就没风险这种想法和观念同样不可取。现在的一个事实是：物价上涨的速度远大于工资上涨的速度，衣食住行的各种开支相比过去也大幅度提升。你今天拥有30万元的现金，那么10年后呢，这30万元相当于现在的多少？要保持当前的消费能力，你的收入水平必须能抵挡通货膨胀。否则，尽管眼前看似资金充裕，在将来很有可能不够用。

所以，才有那么多人用现有的资金进行投资，这才是对资产保护的真正解读。你的资产不随着通货膨胀而缩水，这就是一种对资产的保护。高净值人群的首要财富目标，其中44%是资产保护与传承，只有13%是创富。而他们财富传承的主要目的，排行首位的是资产保护。保护了资产就等于保护了家庭，甚至能够把这份财富进行家族传承。

说到家族财富传承，首先我们得探讨一下家族财富传承究竟传承的是什么？财富的内涵究竟是什么？财富传承，大多数人的理解是金钱、房产、股票（股权）等物质性财产的传承，这只是对于财富传承的狭义理解。实质上，财富传承还包括了另外两个重要的内容，即家族人力资本的传承和家族价值观与精神的传承。

李嘉诚先生在财富传承上的做法值得借鉴，他把家族企业主要传给了保守型的长子李泽钜，但同时动用同等价值的资金和资源帮助次子李泽楷创办了自己的电信数码王国，使两个儿子都按照自己的个性得到了最好的安排。同时还设了一个家族信托基金，持有相当比例的家族共同财富，用于家族的共同需求。

很多人认为投资10年、20年就算很长久了，其实真正的投资布局远不止这个时间。国外很多财富传承的家族，比如，福特家族传承了104年；洛克菲勒家族140年相继传承6代人，家族兄弟感情还特别好；摩根家族传承了180年，利用家族信托，产业是别人的，管理和收益是自己的，真正做到管控资产；罗斯柴尔德家族直到今天，仍然是第一大家族。这些例子足以说明投资要立足长远，让财富能不断传承，既要照顾当下的家庭，又要保护整个家族的实力。

当然，我们国家的很多富人也知道保护资产实现传承的重要性。

梅艳芳临终之前，知道年近80岁高龄的母亲不善投资，而且喜挥霍，如果把财产一下子全给母亲，她可能很快就挥霍掉或者被某些别有居心的人骗走。为避免母亲用尽遗产"要做乞儿"，同时防止遗产落入其他人手上，梅艳芳选择了一种叫遗嘱信托的方式，成立了信托基金，将近亿元财产委托给专业的机构打理，信托基金每月按照梅艳芳的遗嘱支付7万元生活费给母亲，一直持续到她去

投资和你想的不一样

世,生活一直有保障,这样母亲就可以安享晚年了。

香港著名影星沈殿霞也采用了遗嘱信托的方法,在去世时为女儿留下约 3000 万港元,当时其女郑欣宜才刚满 20 岁。沈殿霞在去世时已订立信托,将名下资产转以信托基金方式运作,并交由合法的信托人管理。等到郑欣宜结婚时可以领走百分之几的资金,或是一笔固定金额,如 1000 万元港币等。这样就可以避免郑欣宜因为年纪太小,不懂理财,一下子把遗产花光。而且,将钱与不动产委托给受托者,动用时必须经过所有监察人同意,这样一来就可以避免别有用心的人觊觎郑欣宜继承的庞大遗产。

财富传承是非常具有挑战的一件事情。在中国历史上,有宗法传家的家族,有诗书传家的家族,但真正财富传家的家族却很少。中国私人财富的大规模崛起是最近几十年发生的事情,目前私人财富的拥有者基本上还是创一代,但随着他们年龄的增长,未来的 10 ~ 20 年将成为中国有史以来首次大规模进行私人财富代际传承的关键窗口期。

因此,在未来的这 10 ~ 20 年间,本土家族财富管理的核心就是如何将财富传承下去,传承得更平稳、更久远。

另外,保护财富就不能把财富看得太重。我们知道李嘉诚、比尔·盖茨既是巨额财富的拥有者,又是慈善家。从财富传承的角度上来说,当一个人所拥有的财富已经超过他自身和家人此生所能享受的极限时,超过这个极限的财富对他来说,其实只是放在不同的地方而已。这些财富如果不用于慈善,迟早要用于其他场合,并不会被其本人或家人所享用,所以说,慈善的另一种解读就是投资"德善",也是保护财富的一种方法。

不夸张地说，家族之所以衰败，往往败在德不配位上。积善之家，必有余庆。得道多助，失道寡助，慈善能让家族获得源源不断的正能量，即使在兵荒马乱的年代，盗贼也不愿意袭扰积善之家。慈善能让家族不断获得各种帮助，排除各种针对财富的不利隐患。其实慈善不仅仅是造福之举，更是避祸之道。

总而言之，投资也好，积聚财富也好，必须要有智慧的眼光，要有辽远的见识与宽阔的心量。眼光放长远不但能惠及家庭还能惠及家族，心量放宽大，不但独善其身还会兼济天下，如此，才能使子孙长保富贵，财富源远流长。

在保护财富方面，曾国藩值得效仿，曾国藩有四条著名的遗嘱是这样说的：

一是慎独则心里平静。看一个人的品行不在于人多喧哗时，不在于众人的监督之下，而在于独自一人时仍能保持慎独。这是对自我的严格要求，这种自律不被外界所影响。保持着表里如此，修炼内心达到与外界的融通。

二是主敬则身体强健。这里的"敬"包括尊敬他人，善待万物，养成谦逊的作风，这样的人无论走到哪里都是受人喜爱的。

三是追求仁爱则人高兴。心中有爱，人才不会冷漠。在芸芸众生中保持爱的信仰，时刻感受到爱的滋润，不作践自己，不慢待他人，做一个温暖的人。

四是参加劳动则鬼神也敬重。世上的人大多是想得太多，做得太少。当你真正去做事时哪会有那么多烦恼。自力更生，坦坦荡荡做人，自然能够心平气和地过一生。

一个真正具备财富和智慧的人，往往能够用开明的心智、仁爱

投资和你想的不一样

的智慧以及坦荡做人的精神来赢得别人的尊重,也能做到"有德配位",必然能够富贵绵长。

投资要打破"富不过三代"的魔咒

中国有句老话叫作"富不过三代",也有无数家庭甚至家族因为争夺财产而闹得鸡飞狗跳,甚至出现上一代的财富在下一代人手中尽毁的事例,很多事实佐证了"富不过三代"这个魔咒的力量。

随着高净值人群越来越多,那么留给子孙后代的财富也会成为一个真正的问题,不但需要让财富"富过三代",而且还要不让子孙因为得到巨额财富而变成坐享其成的"败家子"。

很多"富不过三代"的案例,其实总结起来模式大同小异,大概有这么几类:

第一类,孩子年龄小的时候,父母选择了在外经商做生意,把孩子留在老家或让父母照看。等到自己赚足了钱,孩子也渐渐长大,带着变富的心态以及对孩子亏欠的补偿,不加节制地在孩子身上花钱,以弥补之前对孩子缺少的陪伴和教育。等到孩子长大了,父母也老了,把生意或者企业交给孩子来打理。这时候,由于孩子缺失良好的教育,已经养成了一身毛病,无心经营也没什么进取心,过了几年就把企业做垮了,甚至把父母留下的财产挥霍一空,这是比较典型的接班失败导致财富无法传承的事例。

第二类,与第一类恰恰相反,父母不但有经济头脑,还有教育意识，会不惜重金，早早送孩子出国，最晚高中甚至有初中就送出去的例子，一直等到大学或硕士毕业，变成海归再回来接手父母一代人打拼下来的事业。可往往由于中西方文化和价值观的差异，孩子不一定喜欢父母的做事风格，会按照自己的方式和观念来经营。这其中不乏有以西为中用的经营理念将父辈的企业和财富发扬光大的，但多数情况下会因为国情不同，经营理念不同，导致经营不善，甚至江山易主。

第三类，属于那种一夜暴富之后不知道该怎么善用财富的人，比如城乡接合部的人拿到大笔拆迁款，分到几套房子，变成千万富翁、亿万富翁，再比如彩票中奖（这个概率比较小），这些财富来得突然，会让人空虚，守不住财，豪赌成性，很快就会被挥霍一空。

第四类，创一代们的身体好，事业做得风生水起，很少提前规划财富传承的问题，可天有不测风云，创一代若因为意外或重大疾病去世，不得已仓促决定下一代继承，孩子往往会因为没有提前准备，出现不会管理，哪怕很努力去做，也会力不从心，把财富越做越缩水的可能。

所以，当人们意识到财富传承的重要性的时候，也就开始了积极布局，提前规划，创造财富、拥有财富、管理财富，让财富真正能够传承下去，打破"富不过三代"的魔咒。

在财富家族传承方面，有很多值得借鉴和学习的家族，比如中国古代有范仲淹的家族，范仲淹除了自己是宰相，儿子也是宰相，范氏家族兴旺了800年，一直到民国，范家子孙都守住了家风。范家不但传承了文化财富，还进行了经济财富的法律风险防范。

在文化传承方面，范仲淹本人除了人格高尚、生活清苦简约、重视孩子品德教育、接济十里八乡的穷人以外，还兴办了"苏州书院"，这个书院在近1000年的时间里一共出了近400个进士、80多个状元。家族子弟都可以免费上学，因为在封建社会，科举做官是读书人的最好出路，中了进士，就可以步入仕途，进入统治阶层。这些举措就类似于今天家族财富传承中的家族基金会。

在财富传承规避法律和政策风险方面，范仲淹修了1500亩祖祠。当时在封建时代，朝廷一直是倡导以孝治天下的，范仲淹的后代去做官，即便因为犯了法，被革职查没，其他家产被抄光了，这个祖祠也能保住。这就是利用当时的法律，保住了封建社会最大的生产资料——土地。这两大举措，文化传承有慈善的一面，修祖祠有规避财富风险的一面，所以才能让范大家族兴盛了800年。

在国外，洛克菲勒家族不但打破了"富不过三代"的魔咒，而且经过一个世纪的发展，这个家族的财富都已经传承了六代。现在，这个家族有超过200位成员，在福布斯2015年美国富豪家族排行榜上以110亿美元的总资产排名第22。老洛克菲勒不但在慈善事业上做得很成功，在家族财富的管理和保护上也很科学，既能让子孙后代不断将财富发扬光大，还规避了法律上对于财富的高额征税，实现了一代又一代传承下去的传奇故事。

所以，家族财富能不能传下去，考验的是财富拥有者对财富的准确把握，以及对后代的深刻影响，这个影响首先是文化教育上的影响，是否有德，是否有经营头脑；其次，也要能够对当下形势以及未来法律和政策精准解读，真正做到把财富传承到能担当起重任的后代身上，而且还要做好财富减损的法律防范，如此，才能做到让财富不断传承下去。

家族传承与投资管理新思维

企业的创办人,尤其是家族企业,经过千辛万苦创下基业,自然希望把它传给下一代,并且希望代代传承下去,让财富经久不衰。从另一个角度来说,身为创一代、富一代的子女,对于父辈的基业有继承和发扬光大的责任。在儒家思想的主导下,这种"传"与"承"几乎成为华人家族企业运营和管治权力更迭的一个模式。

"家族传承"说起来似乎很容易,无非是将企业移交给下一代,但在实际传承过程中,会面临着大量财富的损失。曾经有金融投资教授研究发现,很多知名的家族企业在传承后显示,公司的市值不但没有提升反而在下降,一旦企业没有传承好,无论是对家族还是对持有公司股份的股东而言,都是财富的损失,而且也给能否传承下去埋下隐患。

所以,要想让家族传承下去,需要一些新的方法和手段。比如,现在流行的海外家族信托是其中比较热衷的方向。

家族信托是围绕着高净值和超高净值客户服务、保障其财富稳定性的一种金融模式,大家族甚至会建立家族办公室来管理财富,注重财富的长期稳定,使其持续上百年,经历数代人。这也是家族信托对于一个家族传承的最好保障。

传承,主要的是保有家庭财富。首要的是资产财富,其次是家族的故事、使命和责任。财富的传承有自然传承、遗嘱传承和保险传承。

自然传承，顾名思义就是根据《继承法》规定的顺序继承。这容易引起子孙纷争反目，另外国家征收遗产税的话，也会让财富缩水。

遗嘱传承是家族的财富所有者在生前立下遗嘱，提前对自己的财产进行分配和处置。这比自然传承进步了不少，提前依照意愿分配财产。遗嘱传承的前提是要深谙遗嘱的法律效力，避免成为无效遗嘱，使之成为自然传承。

保险传承是指财产所有人在生前购买了人寿保险，并指定了保险受益人。此方式的好处很多，既能按意愿分配财富，也能避免高额遗产税开征，并且能隔离债务避免子孙纷争。其弊端是：不能处置非金融资产，保险金在一定时间内是封闭的，不能随意领取，保单流动性差，那么这会限制一些效力，造成财富失去灵活性。

明白了以上几种传承方法，那么信托传承可谓是一个家族财富最好的传承手段。

大部分财富人群所熟悉的信托是投资性质的，而家族信托则是防御性的安排：从已有资产中拿出一部分放在"安全罩"里。如果把鸡蛋都放在一个篮子里，无异于应对投资风险没有施加保护，在不期而至的变故下将会面临破产的风险。

相较国内信托，国外信托是受外国法律监管的信托。而一个信托如何由外国法律监管呢？例如《新加坡信托法案》是这样规定的："该信托，在各方面都应该受到新加坡法律的监管。新加坡法庭对执行、解释和强制该信托的约定或信托约定以及新加坡相关法律规定影响范围内的任何事务拥有独立的管辖权。"顾名思义,一个新加坡的信托对于一个中国的客户来说就是一个离岸信托。因为和客户设立的信托相关的一切事务都必须由海外的法院和法律所监管,即受外国法律监管。

国外信托可纳入的财产种类不受限制,现金、房产、股权都可以顺利纳入信托。同时可选择的范围很广,包括各种环球基金、政府债券、不动产等。可以方便持有境外的现金投资组织等金融产品以及其他的上市公司股权,甚至古董等各类资产。

每个家庭结构都会影响信托的最终设计。设立信托时与其家人充分沟通,了解他们的想法需求,包括各人的能力与担忧;在未来不可预见的身体状况下,与家族办公室测试不同分配方案的现金支出可行性。尽可能绕开不同国家婚姻法、税法、继承法的影响,最大限度减低在出现不可预知的冲突时对资产的耗损,以及对家人生活的影响,真正去做到让这个家庭财富得以科学、合理、有效地传承下去。

操作篇：
投资绕不开的话题

第八章
识别投资风险

初始阶段要理解风险

郭德纲曾经说过一段话："京剧看起来就很难，唱念做打翻，样样都要下苦工，这是看得见的，很多人一看到会被吓住了。相声看起来是最简单的工作，谁都会说话，所以我凭什么要买票听你说话呢？问题就在这儿，京剧就像一座大山你能一眼看出高来就不敢往上爬了。但相声你乍一看就是个小土坡，但你爬上去发现后面有一个高的坡，再爬又有一个更高的坡，再爬还有……"

投资同理，入门容易，精进难。提到投资，人人似乎都能说上几句"经典"的投资语录，但真正对于投资风险理解和控制的人少之又少。

有些人看到做投资挣钱，就模仿别人，乱投资，甚至连最基本的选择合伙人的问题都想不清楚。后面我会提到如何选择合作者和合伙人这个问题。

对于投资，有一个说法，"风险越大，收益越大"。说出这句话的人往往是投资小白，因为任何一种投资，一旦风险很大，不但不能代表收益越大，甚至会导致血本无归。

投资的残酷之处在于，像是赌博但绝对不能用赌博的心态去理解。如果对投资的风险没有足够的理解和认识，按照"风险越大，收益越大"的原则去投资，那么获得收益的可能性很小，甚至会带来更大损失。

有人害怕风险，干脆就不投资，认为直接存银行定期最安全。这表面上看避免了损失的可能，但却会遭受通货膨胀的侵蚀，财富也就不断缩水，相信大家也能切身感受到物价的上涨，20年前吃顿饭多少钱？当年的万元户是多么牛气的存在。现在回过头来看，百万元户都不能算是富人啦。所以，投资是一定要进行的，只是要建立在充分理解风险的基础上，要尽量做到收益大于风险，有理智地投资。

投资最重要的目的是：未来如何。没有人能完全预知未来，所以投资的风险是不可避免的，投资风险不仅是本金损失，也包括收益不达预期，投资获益时间长于预期等情况。因此，应对风险是投资中一个必不可少的最核心的问题。

理论上讲，高收益与高风险相关，但是，真正的投资高手却并不认可这种理论，他们往往相信，高收益和低风险是可以同时实现的。投资者之所以能够以低风险高收益来实现投资最终的走向，是因为他们对风险有着丰富的经验和理解力。理解风险才能识别风险，进而控制风险。

举个最简单的例子：

有一天，巴菲特和一群投资界的朋友一起打高尔夫球。有个人为了助兴提了一个建议：每人交10美元，如果打高尔夫能一杆进洞，就会奖励2万美元。其他朋友纷纷掏出了10美元，当然，没有人拿到2万美元奖金。轮到巴菲特了，他却拒绝参与。他的理由是："我经过了计算，我觉得一杆进洞的概率几乎为零，所以我不参与。"有没有想过，这个和花2元钱买彩票的道理差不多。但是为什么有很多人还在买彩票呢?真的有低风险高利润的投资吗?

通过这个例子可以看出,巴菲特对投资的风险与概率思维的把握非常到位,那就是在充分理解风险的基础上做出有保障的决定,不参与没有把握的投资。

理解风险是投资过程中必不可少的要素,是衡量一个人是否能成功投资的关键。首先,风险对于投资来说当然不是一件好事,大多数人都希望在投资的过程中将风险降到最低或者完全避免风险。所以,在投资当中,人们是希望承担更低的风险而不是相反。因此在考虑某项投资时,应先评估投资的风险高低以及自己对于绝对风险的承受力。

其次,在考虑某项投资时,我们应将风险与潜在收益同时考虑在内。因为只有出现更高的预期收益,人们才愿意承担新增的风险或者更高的风险。比如,国债和基金同样的收益,那优先选择风险相对低的国债;货币基金和股票的收益相同,肯定要选择风险低的货币基金,就是这个道理。

最后,在考虑投资结果的时候,我们要评估收益和风险的比例关系,比如是全仓一只股票还是建立多元化投资组合?是通过固定收益的债券还是不固定收益的股票基金?加杠杆还是不加?知道自己的投资结构对评估风险意义重大。

理解风险是一项见仁见智的工程,因为投资具有非常大的不确定性。一个投资者在一段时间获益大并不一定是他能力如此,有可能是他更激进,无视风险的存在。另一个投资者在某一段时间收益并不高也并不能代表其投资能力弱,有可能是他属于保守型、价值型的投资者,不追求短期收益,而是把目光放到了更长远的收益上。

所以，对于投资的理解无论是哪一种，只要记住两个最关键的点就不会盲目追求收益而忘了风险：第一，不要相信高风险高收益，而是尽可能选择低风险低收益，只有保证了资金的安全，才有后面收益的可能；第二，衡量投资风险就是衡量自己的风险承受能力。如果只有三成的承受力，那么切不可冒五成的风险。

中级阶段会识别风险

前面我们讲了理解风险就是知道了风险意味着即将发生的结果的不确定性，以及不利结果发生时损失概率的不确定性。那么，在这个基础上，学会正确识别风险，不踩风险的雷区才是明智的投资者。

风险的识别是个复杂的工程。由于风险无处不在，无时不在，既可能出现在投资项目的筛选阶段，也可能出现在资金注入阶段，更可能出现在资金的回收阶段。所以，要根据投资活动的变化适时、定期地进行风险识别。风险管理人员需要进行大量的跟踪、调查。对投资风险的识别不能偶尔为之，更不能一蹴而就。投资风险识别的目的是衡量和应对风险。投资风险识别是否全面、准确，直接影响风险管理工作的质量，进而影响风险管理的成果。识别风险的目的是为衡量风险和应对风险提供方向和依据。

比如，以股票市场为例，当市场持续走高，牛市已经持续一段

投资和你想的不一样

时间的时候，人们往往会说"风险代表收益，敢于承担风险才能得到更大的收益"。这种说法属于盲目乐观的投资者，也等于没有做到风险的充分识别。这就好比越是会游泳的人，溺亡的可能性反而越大。

真正的风险不可能完全被识破，更不可能完全被消除，只要能做到风险被有效转移或分散就向成功迈出了一大步。

所以，很多成熟的投资者在识别风险的过程中都明白分散投资的重要性。也就是人们平常说的，"不要把鸡蛋放在同一个篮子里"。

每一种投资市场或品种都会有涨有跌，因此，将全部资金投入单一市场，风险一定很大。比如，我认识的一位朋友，他觉得股市不明朗，房价高得离谱不敢买，于是受了一些人的忽悠，用自己的半生积蓄一次性买了所谓的网上"理财产品"，结果这个网络理财平台不太靠谱，没过几个月就被端了，我的这位朋友血本无归，钱几乎没有被追回的可能，生活和事业都因此而大受打击。

分散投资项目要独立，不受其他市场因素干扰。学会分析和比较投资项目的相关性，最好的做法是进行风险对冲，即寻找负相关的投资品种进行资金配置，这样做一定程度上甚至还能达到复利效果。投资市场的流动性决定了资金总是会流向更好的投资项目。例如，在投资股票的同时也要投资商品，如保值的黄金、古董收藏品、原油、贵金属。一旦股票泡沫破裂，资金自然流向商品市场，抬高商品价格。假如股市进一步上涨，资金宽裕，通货膨胀上升，也会带动商品的价格上涨。这种盈利和亏损对冲，损失不会很大，甚至还有可能盈利。而这种投资过程也就是识别风险的过程。

另外，分散投资的另一个要点是，把风险低的投资项目比重加大，风险高的项目比重减小。分散投资要计算投入的成本和盈利比，不同的投资都会有不同的投资成本和回报。比如时间成本、风险成本，管理费、手续费等。不要小看任何一个小成本，投资额度大、交易频繁，任何小钱都会变成大钱。

分散投资经验告诉我们，当把资金投入不同且具有低或负相关系数的资产中时，那么就可以抵消其非系统风险。同时，在投资中我们需要充分考虑分散投资的重要性，因为风险的控制往往能决定我们在资本市场波动下的存活概率。

当然在做分散投资有效降低风险的过程中，有几个关键点还需要注意：

第一，鸡蛋可以放在不同的篮子，但前提是确保每个篮子都是优质的。如果为了分散而分散，不去关注篮子是否有漏洞，同样会有损失"鸡蛋"的风险。比如，前几年网贷平台兴起的时候，很多人把资金投向了P2P，后来大部分平台出事跑路，导致很多人血本无归。

第二，分散投资并不是越分散越好，而是有策略有智慧地去"散"，做到转嫁风险又不散得没有边际。比如炒股票买基金，如果每次都买十几只基金，十几只股票，把有限的资金分散得相当零碎。最后依然没能赚到钱，也没有起到任何转嫁风险的作用。尤其是对于刚开始涉足投资领域的小白或者资金量不大的人群，比如初入职场或者刚建立的小家庭而言，每月可用于投资的资金本来就很有限，如果在理财时资金过于分散，能收获的绝对收益也不会很高。

第三，分散投资的合理安排是分段。分段投资也叫分段定投，是一种类似于银行储蓄"零存整取"的投资方式。根据人们对风险的偏好和个人资金的多寡以及对收益的承受力，可以选择分段投资和单笔投资两种投资方法。我个人主张分段投资是比较稳妥的方法。

通常，对于投资者来说，不论是选择分段投资还是单笔投资，目的都是让投资的收益最大化和风险最小化。如果投资者希望的回报期限越短，越容易选择一次性投资造成损失。对于业绩不稳定、净值波动较大的基金，分段投资更加适合。也可以将这两种投资方法结合起来使用，用一部分资金做一次性投资，另一部分资金进行分段投资，从而做到取长补短。

无论是提高风险意识，还是分散投资产品，总之，未来是不可知的，识别风险与识别人性难分彼此。我们不能戴着有色眼镜做投资，要知道，任何品种都有它存在的意义，是不是高风险，还应综合进行考察。否则，识别风险的工作将永远都处在初级阶段。

实施过程中能控制风险

对于风险控制，百度上是这么解释的：风险控制是指风险管理者采取各种措施和方法，消灭或减少风险事件发生的各种可能性，或风险控制者减少风险事件发生时造成的损失。简单地说就是：学会保住胜利果实，最大限度地减少损失。

有句投资界烂熟的话,"入市有风险,投资须谨慎"。大多数投资者对此耳熟能详。然而,实际操作中却意识不到风险的存在,不懂得风险管理的方法,从而陷入被深度套牢的困境,造成巨额损失。投资行业有赚得盆满钵满的,也有亏得倾家荡产的,前者虽是少数,但绝对是投资高手,因为他们拥有与创造收益的能力等同的风险控制能力。

拥有风险控制能力的投资者知道,风险控制可以在繁荣时期存在,也可以在萧条时期存在,没有一条可供照搬的规律和准则。只有训练有素、经验丰富的投资者才能不定期审视自己的投资组合,并预测它是低风险性的还是高风险性的。

优秀的投资者获得的收益可能并不比别人高,但他们在实现同等收益的前提下承担了较低的风险。

据相关资料显示,"股神"巴菲特展示了自己 52 年来的投资回报收益,连续 52 年年复合增长率 19.1%。经过仔细对比数据发现,标准普尔 500 在 52 年中有 11 年是下跌的,而他的伯克希尔公司在 52 年中仅有 2 年是下跌的。

这说明什么呢?单从增长率上看不到"股神"的神奇之处,但其在 52 年的投资中,下跌的概率却出奇的少。这就是其厉害之处。在实现同等收益的前提下,风险越低,资金越安全,可收回来并产生收益的可能性就越大。这就是一种风险控制。

风险控制不要求人人做到只盈利不亏损,而是要做到尽可能地在低风险下赚比较有保障的收益,这才是根本。

承担风险而不自知,可能会酿成大错,这也是很多人在买进跟风投资产品被坑,而这类事件却依然在不断重复的原因。说到底,真正的投资者就是以营利为目的并聪明地承担风险。能够出色地做到这一点,就会从一个普通投资人变成一名聪明的投资者。

我们所熟知的"风险收益关系图"是简约而优雅的。遗憾的是,许多人从中得出一个错误的结论,并因此而身陷困境。

尤其在经济繁荣时期,你会听到太多的人说:"高风险投资带来高收益。要想多赚钱,就去承担更高的风险吧。"事实证明,靠更高风险的投资来获得更高的收益是绝对不可能的。原因何在?很简单,如果更高风险的投资确实能够可靠地产生更高的收益,那么它就不是真的高风险了!

正确的表述是:为了吸引资本,风险更高的投资必须提供更好的收益前景、更高的承诺收益或预期收益,但绝不表示这些更高的预期收益必须实现。

风险不是一成不变的。人们往往高估了自己判断风险的能力,以及对未曾见过的投资机制的理解能力。理论上来说,人与其他物种的区别之一是,人不必亲身经历某件事情便能知道它的危险性。例如,我们不需要通过烧伤自己来验证我们不应坐在滚烫的火炉上。但是在牛市中,人们往往会丧失这种识别能力,他们不是去识别未来的风险,而是倾向于高估自己对金融新发明的理解力。

最后,也是最重要的一点,大多数人将风险承担视为一种赚钱途径,即承担更高的风险通常会产生更高的收益。市场必须设法证明实际情况似乎就是这样,否则人们就不会进行高风险投资。但是市场不可能永远以这样的方式运作,否则高风险投资的风险也就不复存在了。一旦风险承担不起作用,它就会完全不起作用,直到这时人们才会想起风险到底是怎么回事。

第九章
识别投资方法

投资中的创业者与投资人

有一个专业投资人曾这样对记者说:"我大部分的时间都用来寻找项目。剩下的时间里,我会拿出一部分时间用来判断我找的项目是否靠谱。此外,我每天还会抽出一些时间来帮助所投资公司解决一些经营中遇到的困难。总的来说,我白天的时间都是在和人打交道,晚上回到家里,就要将白天与创业者沟通的内容整理成笔记,思考哪些项目是要继续跟进的,哪些项目是可以放弃的。"

以上说法带给我们一个信息,那就是投资人投资一个项目,必须是先经过分析和判断,然后发现创业者身上与自己契合的部分,最后进行投资。

对创业者而言,一个创业项目是他的全部及唯一,投入的资金仅仅是他贡献于项目成功的一小部分。而投资(天使投资人或风投)则是以现金"购买"公司股权,出大钱,换小股。相对于创业者的未来全时贡献,投资者的贡献更在于现时货币价值。投资者在千百个项目中只会选择"三缺一"的项目投资,而一个投资项目也只是他几十个投资项目中的一个。

形容投资者和创业者有一句犹太哲学:"如果你想帮助一个人脱离淤泥,不要以为站在顶端,伸出援助之手就够了。你应该善始善终,亲身到淤泥里去,然后用一双有力的手抓住他,这样,你和他都将重新从淤泥中获得新生。"

投资人和创业者一旦达成投资合作协议，就如同一起陷入淤泥里的人，同甘苦，共进退，创业者才能得到投资者的信任，拿到之后 B 轮、C 轮的持续投资，而投资人在得到利益回报的同时也更看好创业项目。如果投资人只是在高处伸出援手的话，绝对不会尽全力去帮助创业者；而如果投资人能够深入淤泥，全力以赴，创业者必定心怀感激，从而促使投资人和创业者更好地融合在一起。

另外，创业者要明白投资人是干什么的，即使是天使投资人，也不是真正的"天使"，是希望通过你的项目赚到钱；创业者拿到钱，把自己的项目做大，被收购或上市，实现自己的团队价值，不但自己获利，也能让投资人获利，如此双方就是互惠共赢的关系。所以，必须明确这一点，创业者不是给投资人打工的，而是在自己赚钱的基础上帮助投资人赚钱的；而投资方虽然是出钱的一方，但并不是高高在上的大爷，创业者经营有方能够盈利才是王道。但有一点是要特别注意的，创业者要做到始终让投资人清楚自己的资金去向。在关注自己是否将资金"用到了刀刃上"的同时，创业者也要知晓投资人的想法及其最为关注的问题。

由于投资人和创业者分别属于两个不同的群体，一个提供资金期待回报，一个使用资金发展事业。双方的身份决定了他们对于创业公司的感知以及创业公司目标的认识是不一致的，这就使得双方在合作中难免出现冲突。所以，投资人也要明白创业者是干什么的，即使自己是出钱的那一方，但也不是无私的"天使"，而是期待在创业者身上获得回报。所以，不要过多干涉创业者的经营管理，更不能插手创业公司的内部事务。

投资和你想的不一样

首先，投资人必须以长远的眼光来看企业的发展，而不是以短期套利的想法。对于创业企业来说，通常都会走过非常长的一个发展阶段，这当中需要有耐心的、抱着长远观点的投资人和创业者一起走过。在相当长的时间里，追求利润不是企业主要的目的，占据市场同时能够不断打造出新的产品才是企业应该真正关注的。

其次，投资人不仅是金融投资者，而且是战略投资人，最好的投资人应该是懂产业的投资人。当今的产业细分越来越重要，在每个细分领域，作为投资人都必须成为这个行业中的专家，成为真正能够帮助到创业者的投资人。

最后，投资人应该具有国际视野，这样才能帮助创业企业实现国际化。今天，很难再去区分创业企业是中国企业、美国企业，还是印度企业。很多企业在第一天就已经将全球化作为重要关注点，这个全球化不仅是它的产品设计和市场推广能力，更重要的是它的创业视野的全球化。

有人形象地把创业者和投资人比喻成恋人的关系，不能想着上来就给对方穿小鞋，而是要把目光放长远，最后实现"结婚"组成美好家庭的愿景。许多投资者在投资的过程中，可能损失过不少资金，这如同一个人在恋爱的道路上经过几次前任一个道理，很多之前心动的项目都打了水漂；而创业者在行业里面摸爬滚久了，认为自己掌握的都是颠扑不破的真理，所以很容易变成固执己见的一方。双方的矛盾在于，从一开始彼此就处于完全不同的假设前提下：投资者试图血刃商业计划于襁褓之中，创业者则试图劫财投资者于分秒之下。

倘若创业者和投资人能够在认知方面达成一致，那么接下来双方也很容易在企业发展战略及目标上形成共鸣。这不仅能够在很大程度上有效避免冲突，还能够促使双方有更多的合作机会。

投资中的天使和风投

创业者在融资时经常会听到"风险投资（风投）""天使投资"这两个词，融资新手往往都搞不清楚两者的区别和联系。其实，风险投资和天使投资之间既有关联，又有不同。在找投资人之前，搞明白风投和天使投资的具体含义是非常有必要的。

对于天使投资人和风险投资人来说，他们都是"有钱人"，无论是什么样的帮扶，他们的最终目的是想通过找到项目让自己手里的钱变得更多。天使投资人更倾向于找那些初创企业或者创业团队和个人，给予他们资金支持，然后同创业者一同成长。这种行为看上去就像"天使"所为，因此这类投资人被称为"天使投资人"。当然，即使是对创业初期的企业给予帮助，天使投资仍然属于风投的一种。

在大众语境中，风险投资是总称，其中也包括天使投资。风险投资又称"创业投资"，是指由职业金融家投入到新兴的、迅速发展的、有巨大竞争力的企业中的一种权益资本。所投资的企业是以高科技与知识为基础，生产与经营技术密集的创新产品或服务。风险投资在创业企业发展初期投入风险资本，待其发育相对成熟后，通过市场退出机制将所投入的资本由股权形态转化为资金形态，以收回投资。

无论是天使投资还是风险投资,都要擅于把握风口,借风而飞。风往哪里吹、资本就朝哪里投,无论是哪一个风口,都会有风投和天使投资在投资过程中扶持创业企业的成功案例。所以,天使投资和风投是早期投资的典范。

因此,天使投资包含两层含义,不但是投资赚钱的人,还是创业扶持者。

如今,许多人都有着创业的梦想,每年都有成千上万的人投入到创业的洪流中来,每年都涌现出不计其数的新创企业。但创业谈何容易,有项目找不到资金,有资金找不到好项目,有项目有资金又不知如何开拓市场,而如今招商骗局、创业黑洞比比皆是。究竟怎么创业才能成功,才能不成为那销声匿迹的大多数呢?我认为,找到一个好的天使投资机构或投资人,才是一件可行的事情。

对投资者而言,首先,做早期投资其实是一件特别有意思的事情,不能纯粹当成生意来做。其次,做早期投资一定要有情怀,如果纯粹是站在赚钱的角度,你可以有很多选择,可以做赚快钱的事情,所以做早期投资就是一种情怀。这些创业者在创业之初,大多是需要帮助的,无论是管理经验的不足,还是市场渠道的开拓,抑或是法务风险、股权激励方案等方面,都需要帮助。所以这个行业的发展还是相对比较慢的,而且中国是一个普遍缺乏资本市场教育的国家,大多数人其实不知道什么是真正的股权投资,也不能真正理解早期股权投资是如何做的。

因此,做早期投资的投资者应该明白,自己所进行的这种投资行为是有理想的人做的事情,是对社会有价值、能够帮助到创业者的。有了这种心态就可以坚持。

现在的天使投资人很多。对于好的项目，他们能给一些种子钱和提供场地。天使投资人基本上都是成功人士，他们不需要从批评创业者身上刷存在感，他们看过的项目太多了，只有创业或者创新才有可能打动他们。

所以，如果创业者有一个好的创意、好的方案等，那么就可以通过获取天使投资，开始创业之旅。从这个角度上讲，天使投资就是让创业者的梦想照进现实，让创业者的创新创意落地。

而风投是企业战略初步成型以后用以支撑企业去实施战略的投资。此时企业刚刚在市场上取得一些成绩，或者看到了一些成功的苗头，但企业自身的资源不足以支撑它，需要引进外部资源。对投资者而言，企业战略所隐含的关键性的假设通过市场已经有所验证，此时可以对项目进行理性分析，并能够对面临的风险进行相对准确的评估。这就有了机构化投资的基础，也即实际的出资人可以委托专业的投资人士进行操作并对投资人士实施监督，从而在投资领域产生了委托—代理关系。另外，这个阶段企业需要的资金量相对比较大，如果由个人投资者投资将很难分散风险，因此投资的机构化也成为必然。再者，风险投资一般是以基金的方式实行机构化运作，投资额一般在千万量级。

投资中的 PE 与 IPO

PE（Private Equity），也叫私募股权投资，是通过私募形式募集资金，对私有企业即非上市企业进行权益性投资，从而推动非上市企业价值增长，最终通过上市、并购、管理层回购、股权置换等方式出售持股套现退出的一种投资行为。

广义上的 PE 对处于种子期、初创期、发展期、扩展期、成熟期等各个时期的企业进行投资。狭义的 PE 主要指对已经形成一定规模的，并产生稳定现金流的成熟企业进行投资，主要是指创业投资后期的私募股权投资部分，而这其中并购基金和夹层资本在资金规模上占最大的一部分。私募股权投资基金是推动资本市场可持续发展的力量。

通常说的 PE 是指投入成熟期项目的资金。此时企业在市场上已经取得了一定程度的成功，企业通过稳定的经营已经能够从市场上可持续地获取经济资源，并已经取得了一定的市场地位，短期内不再面临生存的问题。此时企业融资的需求相对多元化，有些是为了规范上市，有些是为了实施并购进行产业整合，有些则可能是为了延伸业务线等，情况不一而足。但它们都有一个共同的特征，即企业进行 PE 融资的目的都是上更高的台阶，最终实现上市。对投资者而言，此时企业自身拥有的经济资源已经较多，尽管投资的金额一般较大，但通过对赌、回购等契约条款能够将投资的风险大小锁定在一定的范围内，因而风险较为可控，PE 投资者期望的是在较短时间内实现较高收益，图的是快进快出。

另外，此时企业某种意义上并"不差钱"，融资往往是着眼于长期战略或者产业资源整合，因此会要求投资者不仅仅出钱，还需要具备一定的产业背景或其他资源，以协助企业顺利完成其目标。如果说天使拼的是眼光，VC（风险投资）拼的是判断，那么 PE 拼的就是资源。

PE 投资的是未上市公司的股权，也就是说只有投资非上市公司股权的才能叫私募股权，是对未上市企业进行的权益性投资，也就是通常大家说的原始股投资，是通过未来上市流通收回投资收益和成本，当然这也可能通过上市公司的收购实现退出等。

PE 投资者在参与企业股权投资时，是以战略合作的身份参与进来的，对企业的任何决议均可按照之前签署的协议进行参与，说白了，私募股权是"大股东"，可以大股东的身份对抗企业决议，个人投资者参与"私募股权"，就等于有"靠山"帮助投资人维权。

私募股权的意义就是，进入企业，帮助企业由小到大、由大到强。狭义的私募股权，是成长性的投资；广义上讲，私募股权投资涵盖企业首次公开发行前各阶段的权益投资，即对处于种子期、初创期、发展期、扩展期、成熟期等各个时期企业所进行的投资。

私募股权挣的第一份钱叫成长性溢价，上市的时候所获得的收益会是投资时的 30 倍甚至 40 倍。所以，作为基金管理人，要有长期投资的思想准备，要做到能够陪着企业一起成长，如果没有这样的耐心和准备，是挣不到成长性溢价这个钱的。

投资和你想的不一样

在资本市场不成熟的当下，当一个企业壮大以后，在细分行业里变成老大，就有了话语权。一个企业在行业里有了定价权，以及制定规则和标准的权利，就有了号召力，其上下游的企业都会向其靠拢，这个时候就可以撬动他们的资源。从事企业管理或者创业，能够体会到，小企业给人家供货，得先供货后拿钱，卖东西的时候，得先给货后拿钱。而大企业则不同，可以先拿货后给钱，或者先收款再供货。这就是大公司有特权溢价，随着成长逐渐向资本市场靠拢，在进入资本市场的时候，转型为大企业，非上市企业转为上市企业。

国内公募基金是审批制，没拿到批文一切都无从谈起。私募基金则是一对一，信息文化对称，公募是一对多，一人卖股票，N多人买股票，市场上有风险偏好高的人，出价就会高，形成拍卖竞价，产生额外的价格，就是流动溢价，当企业上市的时候，流动溢价就会马上体现出来。

所以私募股权要想挣钱，就要参与企业的成长性建设，为企业商业之道转向资本之路出谋划策，做到能收获成长性溢价、打造退股性溢价、含权流动性溢价、退守交易性溢价。

企业融资对象除了银行外，主要分两类：一类是产业投资者，比如500强企业、行业龙头等；另一类是金融投资者，私募就属于金融投资者。大部分融资企业愿意跟私募股权谈合作，主要有以下几个原因：

一是私募甘当绿叶，能让他投资的企业做红花，希望伴随着企业的成长，自己也能分享到价值增值带来的收益。一般不要求控股，也不参与企业日常管理，只会派一个财务总监监督资金使用状况。

二是私募很少和企业产生竞争,他们手里有资金,但不参与生产经营,也不存在其他代销或经销的情况。所以,能给企业经营者带来帮助,却不会对其产生威胁。

三是私募股权更多的是关注自己如何退出,能够以什么价格退出,这是他们投资的初衷和最终目标。私募基金除了注入资金之外,还有资本市场的资源,这些资源可以帮助企业构建一个上市融资的平台,对企业的持续稳定发展有好处。

IPO(Initial Public Offerings),也叫首次公开募股,指的是一家企业或公司第一次将它的股份向公众出售(首次公开发行,指股份公司首次向社会公众公开招股的发行方式)。在上市之前需要根据企业的行业属性、成长性、财务特性确定估值模型,目前估值的方法主要有收益折现法与类比法,结合询价机制确定最终的发行方案。

通俗来讲,IPO就是新股票上市。企业通过上市,可以使创业者资产迅速膨胀,而企业可以用这笔钱来扩大再生产。一般来说,一旦首次公开上市完成后,企业就可以申请到证券交易所或报价系统挂牌交易。

IPO和上市通常是不可分割的,尤其在我们国家,企业在上市之前必须要进行公开发行,没有公开发行就不允许上市。但是从法律上讲,这还是两个环节,公开发行在先,上市在后。那么为什么很多企业公开发行就直接伴随着股票交易了呢?因为我国很多证券公司有IPO业务,而这个业务多数是指"首次公开发行并上市",即公开募股和上市交易一步到位。

投资和你想的不一样

如果说天使投资和风险投资可以算作是前期投资，那么私募则应该属于中期投资，而IPO则属于后期投融资，IPO对于企业来说是一个重要的里程碑，也是众多私募股权投资的重要退出方式之一，而且是目前国内股权投资机构最为青睐的退出模式，原因之一是IPO以后股权价值的提升带来的高额回报。

IPO包括境内IPO和境外IPO。在目前注册制尚未推出的背景下，境内IPO的条件较为苛刻，如股本总额必须达到一定规模，公司的财务状况及盈利能力的要求，公司上市后股份出售的锁定期限制等。此外，由于国内的退出市场以主板的要求最为严格，因此，股权投资基金大多数会选择中小企业作为投资对象，在中小板和创业板IPO后退出。相比境内IPO，境外IPO的时间成本相对较低，主要选择地为我国香港和美国的纽交所、纳斯达克。

通过公开上市，风险投资的持股变成可流通的股票，可以在证券市场上变现，实现高回报的退出。一般认为，首次公开发行股票是风险投资取得高收益并安全退出的最佳方式。

第十章
识别投资成本收益

投资中的成本

成本的概念，涉及的面比较广，各行各业都有成本的产生。投资的成本可以分为显性成本和隐性成本。以股票为例，初始投资成本包括初始资金、佣金、费率、管理费、交易手续费等相关费用，这也可以称为资金成本。对于普通投资者而言，主要考虑付息资金，这些资金会产生支出。资金成本是为取得资金使用权所支付的费用，项目投资后所获利润必须能够补偿资金成本，才能有利可图。

除了显性的资金成本之外，我们要重点讲讲其他成本，如时间成本、机会成本以及沉没成本。

所谓时间成本，很直观的一句话就是"寸金难买寸光阴"，所以，时间成本＝时间换货币的价值。举个最简单的例子，咨询师或律师，会直接以工作小时或天数来收费。如果是普通员工，则会以月薪或年薪来估算时薪。但是这些数字都不能代表时间对于你个人的价值。

如果同样的两个人，一个人在下班后通过学习来提升自己，另一个人玩王者荣耀或吃鸡游戏，那么这两个人的时间价值明显不同。待几年之后，下班后学习的那个人的时间成本或许就有了回报，产生了巨大价值，而打游戏的那个人的时间价值或许会更加贬值。

这引申到投资上是同样的道理，一个人投资某个产品就要考虑时间成本，同样的资金投资同样的产品，时间成本不同，收益就不同。

假设你有30万元，你可以存定期来赚取利息，也可以用这30万元买进股票。你用这笔钱购买了股票，持有了两年，并没有赚钱，也没有亏损。看似是不赔不赚，其实不然。因为如果你把这笔钱用作其他投资，比如收益最低的银行存款，那么每年至少可以赚取3%的利息。所以如果你拿这笔钱买了股票，即便不赚不亏，实际上也是亏了。这就是机会成本，在投资的过程中，要有选择，既要看收益，又不能不顾机会成本。机会成本一定是在有多种选择的情况下产生，没有选择就无所谓机会。这种选择一定不能覆盖所有选项，必然导致一部分被选择，一部分被放弃。优秀的配置是在同一时间区间内，选择部分的收益大于放弃部分的收益；反之，则配置失败，相当于变相亏钱。

除了时间成本和机会成本之外，另一个隐性的成本也非常重要，那就是"沉没资本"。举个最简单的例子：如果买票去看电影，花了60元看了20分钟后发现并不是自己喜欢的电影，这个时候大部分人都不会选择中途离场，而是会选择坚持看完。想到自己花了60元，如果离开就代表自己白白浪费了钱，但却忽略了自己的时间。在不喜欢的事情上坚持时间，也是一种成本，即沉没成本。

在投资中这种现象屡见不鲜，比如炒股被套牢却死不肯割肉，前期投入越大，后期就越狠不下心"断舍离"，反而会为了避免前期投入的损失，再继续投入更多。简单来说，沉没成本就是已经发生且不可收回的成本，如时间、金钱、精力等。

投资和你想的不一样

人们在决定是否做一件事情的时候，不仅会看这件事情在未来对自己的价值，同时也会看过去已经在这件事情上的投入程度。正是由于这个原因，只要你细心留意，就会发现生活中埋伏着各种各样的沉没成本陷阱。

人们常常会做出一些非理性的决策。我们经常会听到类似"已经付出这么多了，放弃多可惜……""都到这个地步了，再坚持一下吧……""钱都花了，还走什么啊？""来都来了，就参加一下吧！"等等说法，这就是"沉没成本"在发挥作用。在沉没成本前，我们最容易犯的错误就是，对"沉没成本"过分眷恋，想挽回已经产生却无法收回的沉没成本，而被迫继续原来的错误，造成更大的亏损。

投资中的收益

不论是靠"理财"进行的金融方面的投资，还是个人用在"学习"上的投资，最终都是希望有所收益。金融方面带来经济上的收益，个人成长方面带来能力上的收益。所以，要正确识别投资中的收益问题。

一般来说，金融方面的投资收益有几个来源，如资产配置和投资组合，包括选择构建投资组合的各种资产类别，以及决定各类资产类别的比重。再如，利用杠杆原理，使收益最大化。

收益来自两个方面，人生投资和金融投资。其中人生的投资收益会让一个人活得有价值感，反之，如果人生投资失败会让人活得苦不堪言。金融投资收益则可以让资本翻倍，让人实现财务自由，提高人生投资收益率。

无论是金融投资还是人生投资，利用杠杆原理，往往事半功倍。例如，你有1元资产，但你想投资一个能赚钱的好项目。如果你只投资1元，那么你可能只能得到1元的收益；如果你用这1元借到了100元进行投资的话，那么分红时你就可以分到100元，这样你得到的收益远远大于你本身的资产。反之，如果这个项目赔了，你赔的也不是1元，有可能是100元。加杠杆买房、炒股，说白了就是借钱买房、炒股，这些都是杠杆的运用。杠杆原理在我们身边随处可见，下面举例说明。

一个人计划投资1万元做服装生意，进货买入1万元的衣服可以卖出1.5万元，自己赚5000元，这是完全用自己的钱赚的钱，没有利用杠杆。

另一个人也想做服装生意，于是决定从银行贷款10万元，使用半年，假定利息是5000元。在此操作过程中，就等于用5000元的本钱买了银行10万元6个月的使用权，用这些资金购买价值10万元的服装，售出后得15万元，得到利润5万元。这就是一个运用杠杆的简单例子，即用5000元撬动了10万元的资金，用10万元的资金赚取了5万元的利润。这个就是使用了20倍的杠杆。

使用杠杆获得收益在金融投资中非常常见，如做外汇保证金交易，其杠杆多为10倍、50倍、100倍、200倍、400倍等几个级别。如果用400倍的杠杆，就意味着把1万元当作400万元用，这是非常厉害的。

投资和你想的不一样

放大杠杆不是一件难事,真正难的是掌控杠杆,比如我们常见的一些非法集资、各种担保网贷等,都因资金链断裂倒闭,这就是盲目使用杠杆失控造成的后果。

一个懂投资的人,对杠杆是充满敬畏和谨慎的。

正确使用杠杆能够带来高收益,而这个前提是要提高自己的投资能力,优秀的投资者才是能够正确使用杠杆的人,并且能够理智使用杠杆,不激进不盲目,既要追求回报率,也要使得杠杆借贷是良性的。

比如,巴菲特正是利用了旗下保险公司的大量低成本的浮存金,才使自己的财富效应得到无限放大。

用杠杆原理去赚钱,可以起到事半功倍、四两拨千斤的效果,能够让投资者在有限的时间内,最大限度地提高收益回报率。但是,任何杠杆产生的借贷都是有成本的,所以我们必须在决定借贷前仔细分析计算,确认投资产生的效益必须大于贷款的开销,否则就是不良借贷。

一般而言,通过使用杠杆产生的借贷需要关注两个指标,一是家庭的资产负债率,即家庭债务与家庭资产之比;二是每月还贷比,即每月还贷额与家庭月收入之比。两个指标在 50% 以下是安全的,保守一些的,则控制在 30% 左右。

借钱投资是增加资产的最快、最有效的办法。当然在借贷前一定要仔细分析,认真准备,确保你投入的项目能为你带来丰厚收益,不然借贷既能放大你的收益,也能放大你的负债率。

理性投资与感性投机

在投资领域，很多人认为投资等于投机，或者很多人在投资市场上靠的是"投机"取胜。这个说法严格来说没有大错，因为很多人自认为是在投资但其实是在投机。

每个人都有可能使资本成为创造财富和造福人类的工具，而如何成为一名理性投资者让财富增值，却是我们每个人都要学习的课程。

真正的投资是理性的，而投机则更多地掺杂了感性的成分。理性投资并非一种具体的投资方法，而是一种认真的投资态度：在投资前，仔细地厘清思路，明确投资逻辑，并在力所能及的范围内充分验证；在投资后，真正花时间去回顾投资的结果，对之前的投资逻辑进行反馈和修正。这样就使自己的投资流程形成了一个有反馈的闭环，在每笔投资中不断改进。

资本的投资性与投机性是一对孪生兄弟。因为，无论是资本的投资，还是资本的投机，其目的只有一个，就是以获取利润来实现资本的增值及扩张、再扩张。投资与投机的界限在哪里，并没有十分清晰的界定。投资大师格雷厄姆这样定义投资与投机：投资是一次成功的投机，而投机是一次不成功的投资。

投资与投机并无高低贵贱之分，在此我不对这两者做道德评

投资和你想的不一样

判。从历史回顾看，投机可能赚很多钱，而投资也未必保证100%赚钱。但投资所做的事情是提高赚钱的概率，从长期看增加胜率。从大数定理看，时间是投资者的朋友，但并不一定是投机者的朋友。

投机是建立在自己未知的基础上，有钻空子的成分，而投资则是自己经过认真分析、研判后做出正确选择，大概率下发生的盈利模式。投资市场上投机的人很多，所以才有了那么多不切实际的投资者，他们抱着幻想、凭着冲动做事，最终成为投资市场上不断被"收割的韭菜"。

而投资则往往是理性的，同时也会经过缜密的思考后做出有利于自己的行为。

投机行为多数来自业余的投资者，凭自己的三脚猫功夫，没有多少精力，也不太能够下功夫去调查研究，所以失败的概率要比理性投资者大。

当然，理性投资并不是绝对的胜利，也会因人而异。真正的理性投资更好的定义方式应该是：每个人在自身条件允许的前提下，对于所选定的项目做好充分的事前验证和认真的事后反馈工作，做到既能果断出手，又能审时度势地进行投资。

所以，要识别什么是理性投资，什么是投机，就要搞清楚它们的区别在哪里。在我看来，投机者只看到每天的回报和收益，而投资者看重的是所投资的项目是不是每天在落地和进步，以决定是否该长期持有并调动一切资源和资本去支持它。无论是资金投资还是股权投资，最重要的是价值投资，而价值投资指的是这个项目的成长性、落地及创造价值的能力。

不可否认，在资本市场也有一些投机者赚到钱的案例，只是相对于投资者来说，他们赚到的，可能只是快钱、小钱而已，而不是长远的价值。

总结起来，投资与投机的相同之处有以下两点：

（1）两者都是以获得未来货币的增值或收益为目的而预先投入货币，即本质上没有区别。

（2）两者的未来收益都带有不确定性，都要承担本金损失的风险。

投资与投机的不同之处有以下四点：

（1）两者行为期限的长短不同。一般认为，投资的期限较长，投资者愿意进行实物投资或长期持有证券；而投机的期限较短，投机者热衷于频繁地快速买卖。

（2）两者的利益着眼点不同。投资者着眼于长期的利益，而投机者只着眼于短期的价格涨落，以谋取短期利益。

（3）两者承担的风险不同。一般认为，投资的风险较小，本金相对安全；而投机所包含的风险则可能很大，本金有损失的危险，因此，投机被称为"高风险的投资"。

（4）两者的交易方式不同。投资一般是一种实物交割的交易行为，而投机往往是一种信用交易。

很多事实证明，投资与投机像是一对孪生兄弟，有投资的地方就有投机。没有投资就不会有投机市场；而如果没有投机，那么投资市场就会显得毫无生机。

哲思篇：
投资哲学的知行合一

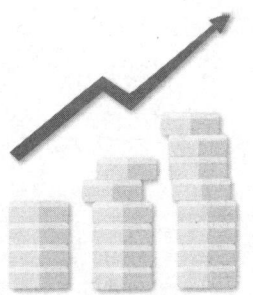

第十一章
个人修为与投资的关系

行为习惯决定投资成败

有句话这样说,你永远赚不到你认知范围外的钱,除非你运气到了,然而你靠运气赚到的钱,最后往往又会随着时间亏掉,这是一种必然规律。

一个投资者所赚的每一笔钱,都是他个人智慧对这个世界认知的变现;一个投资者所亏的每一笔钱,也都是他个人行为习惯对这个世界认知的缺陷。

有个说法认为,世界是公平的,财富也是公平的,当一个人的财富匹配不了自己的认知时,就会有无数种方法收割你,直到你的认知与财富相匹配为止。

认知就是习惯,习惯就是个人的言行举止和修为。

投资产品大同小异,投资的方法也可以互相参照,唯一能够决定投资成败且彼此学不来的就是个人的行为习惯。说到底,任何投资都离不开个人修为。

关于习惯的力量,有一个寓言故事是这样讲的:

一个人买彩票中了大奖,平时他的行为习惯就是赌博成性,赌输了就到处借钱生活,慢慢地变成了一个手里只要有钱就想赌的人。中彩票让这个人从之前的一无所有变成了百万富翁,他心想,要是拿着这100万元去赌,一下翻倍赢钱就成了千万富翁,于是他开始更加频繁地出没赌场，没用一年时间，中奖得来的百万奖金就输了个精光。当有人很惋惜地对他说，如果戒了赌多好，用中奖来的钱投资做生意应该不像现在这么惨。可他笑笑说，时运没到，等到下次中奖一定再去赌场，一定会把之前输掉的赢回来。

可见，习惯对一个人有着绝对又深远的影响。因为它是一贯的，在不知不觉中，经年累月地影响着一个人的行为和他的做事风格，甚至很大程度上能够左右一个人的成败。

不论是富人还是穷人，每个人都有自己的生活阅历，都有自己的迷茫。所以在形成正确的生活理念和投资理念之前，必定会经历起伏错误，然后慢慢变得既成熟又稳重，既理性又严谨。

很多资历尚浅的投资者，在心智上都是不成熟的，不懂得投资的江湖水深火热，也不懂得总结经验、放大格局，更不懂得投资行为其实就是日常生活中最真实的自己。

在投资市场，你还没有懂得投资规则和市场规则，凭什么你就会赚大钱？那些在股市中长久存在的主力、机构和高手，他们的智慧和远见绝非一般人能够相比，所以从这个意义上讲有些人从开始投资就注定了失败的结局。也可以说，那些投资高手都是修为上的高手，不论是专业知识还是心理素质，甚至是对整个世界观、价值观的看法，都会引导投资获得成功。

一个人是怎样形成世界观和价值观的呢？就是从日积月累的习惯中来的。托尔斯泰曾经说过，全世界的人都想改变别人，就是没人想改变自己。当一个人改变了自己的习惯，那么就会改变很多看问题的角度，让自己变得越来越优秀。

如果你有心，就会发现这世上似乎有一种规律，那就是成功的人越来越成功，失败的人越来越失败，为什么呢？

有不少心理学方面的专家研究后认为，无非是"习惯"使然。习惯了成功的人，本身具备了成功的思维和能力，所以越来越成功。反之亦然。同样的道理，一个人习惯了积极的生活态度，那就会一直积极地生活；反之，一个人习惯了懒惰与无所事事，那么他就会消极地去生活。

《荀子》有言："积行成习，积习成性，积性成命。"西方也有名言："播下一个行为，收获一种习惯；播下一种习惯，收获一种性格；播下一种性格，收获一种命运。"行为习惯不同，相同的投资最终的获益情况也会因人而异。

不同的行为习惯会给一个人带来不同的投资偏好和策略，优秀的投资者会在遵循市场规律的同时，不断养成良好的投资习惯，然后依靠这种优秀的投资习惯带来丰厚的回报。

每个人都具备潜力，都有可能从一个投资小白成长为职业投资人，甚至成为投资高手，这其中的关键就是要改变自己的行为习惯和意志力。不能见别人做什么赚钱就跟风，也不能不假思索地去盲目追求短平快，而是要不断学习，逐渐养成研究市场、分析产品的好习惯，然后才能拥有更强大的投资能力。

一个人财运的大小完全取决于行为习惯和投资人的性格特点。因此，修炼性格也是在积累财富。要知道，积极的行为习惯本身就是财富积累的开始。

投资的终极问题是舍与得

在现实生活中,大家都乐意做"加法",不断地给自己的生活加分,比如积累知识、积累财富、积累人脉等,而不善于甚至拒绝做"减法",让生活变得很累。其实人生的最高境界是"花未全开月未圆",不要去苛求尽善尽美,要学会舍弃一些东西,给心灵一点空间,给人生一些思考的余地。

做人如此,投资亦是如此。说白了,投资其实就是在追求一种"舍与得",是先舍后得的过程。

舍得既是一种处世哲学,也是一种做人做事的艺术。舍与得的关系,就如同天与地、阴与阳、水与火,是既对立又统一的矛盾概念,两者相生相克、相辅相成,出乎天地、入于心间,看似简单,实则囊括了万物运行的所有机理。

下面来讲这样一个故事:

60多年前,在世界反法西斯战争的胜利凯歌中,以美国总统罗斯福为首的几个战胜国领导人几经磋商,决定在美国纽约成立一个协调处理世界事务的机构——联合国。消息传出,美国著名财团洛克菲勒家族立即召开家族会议,并在最短时间内出资800多万美元,在纽约买下了一块地皮,将其无条件地赠送给了这个刚刚挂牌成立、资金非常短缺的国际性组织。与此同时,洛克菲勒家族还斥

投资和你想的不一样

巨资在这块地皮周围买下了更多的地皮。

对此，很多人都认为洛克菲勒家族太"烧包"了，纯属"蠢人之举"。但出人意料的是，联合国大厦刚刚竣工，与之毗邻的地皮便开始迅速升值。而洛克菲勒家族瞅准时机，将之前买下的地皮或是转手，或是自行投资，很短时间内就赚取了数亿美元的财富。

洛克菲勒家族的先予后取的投资方法，堪称商界经典。对于普通人来说，虽然很难有如此大的手笔，但遵循"欲先取之，必先予之"的原则，终归没错。所谓"有舍才有得"，一味地以自我为中心，处处为自己打算，甚至把自己的利益建立在损害他人利益的基础之上，这样不仅会让自己离目标越来越远，还会使人际关系恶化，最终被人孤立，受人鄙视。同样，只要我们敢于"反其道而行之"，把对方要"取"的东西主动给他，那么自然就会获得他人的认同及相应的回馈。

"舍"的真正含义就是"给予"，是把更多金钱带给自己的有效方法，因为在给予的时候，你等于是在说："我有更多。"所以，当你知道世界上最有钱的人都是最伟大的慈善家时，你不必感到惊讶，他们捐出庞大的财富，依据吸引力法则，宇宙会回报以数倍的财富给他们。

生活中的很多财富都是这样，舍出去越多，回馈到的也越多。

舍得也不仅仅是先付出、后得到那么简单，南怀瑾老先生说过，宇宙的道理不过是一加一减，人生需要做加法，也要做减法，也即我们常说的取舍。

1973年，美国青年科莱特成功考进了哈佛大学，他的同桌是一位18岁的小伙子。很快，他们便建立了深厚的友谊。

大学二年级的一天,这位小伙子突然劝科莱特和他一道退学,合作开发 32Bit 财务软件。当时的科莱特心想,大学都没毕业就开发软件,怎么可能成功呢？于是,他委婉地拒绝了小伙子的邀请。

光阴似箭,转眼十年,此时的科莱特已经成为哈佛大学计算机系 Bit 方面的博士研究生。而那位退学的小伙子,却在这一年进入了美国《福布斯》亿万富翁排行榜！

1992 年,科莱特拿到了博士后学位；那位美国小伙子的个人资产已经高达 65 亿美元,成为美国第二富豪。

1995 年,科莱特终于觉得自己已经拥有了足够的实力,可以研究开发 Bit 财务软件了；而那位美国小伙子,却已经跳过了 Bit 系统,开发出了 Eip 财务软件,它比 Bit 快了 1500 倍,仅仅两周时间,Eip 便占领了全球市场。那位美国小伙子,因此一举成为世界首富,他就是微软总裁——比尔·盖茨。

试想一下,假如比尔·盖茨依然在哈佛深造,学习课本上千篇一律的东西,他还有可能带来电脑界的革新吗？也许他会成为一名白领、一位高管,但不可能成为一个改变世界的人物。人生就是这样,你不可能占尽一切美好的事物,你必须在关键时刻有所舍弃,才有可能让你在日后成为大赢家。

因此,当我们局限于一个领域,发现错了,或者不是自己要的,放手或改道,不失为一种更为明智的做法。永远要记住,舍,就是让我们学会做减法。舍与得永远占据着财富天平的两端,缺一不可。

有句话说得好,心有多大,世界就有多大。这句话放在投资中同样适用：心有多大,收益就有多大。大多数投资者容易被事物表象所迷惑,看不清事物本质。他们每天追求确定性,追求暴利,追求传说中的圣杯,而后迷失在交易利益的得失中,忘记了"舍得"这一处世哲学。当一个人知道了什么是舍,往往会得到更多;当一个人悟透了投资中的"舍得之道",那么他离真正获得财富就不远了。

投资收获来自知识和联结

有人开玩笑说,如果把世界首富比尔·盖茨从美国抓到非洲,并且不给他一毛钱,相信很快他还是会有钱的,因为他所有的本钱就是他头脑中的智慧。换句话说,用钱投资自己的头脑,是最安全且不会过期的,到哪里都不会贫穷。

也许很多人会反驳:"连三餐都吃不饱了,负债累累,哪里有钱再去学习呢?而且学习也不见得立刻就看得到效果!"这样的人永远都不会拿钱来投资自己的头脑。事实上,无论是富人还是普通人,如果不投资自己的大脑,富则不可能富得长久,普通人则永远普通。富人永远都知道在投资产品之外,更多地投资自己,而普通人如果不用知识去武装自己的头脑,又怎么可能成功呢?

曾看过一篇文章,里面写道:"只有当你把时间花在提升自己,踏踏实实赚钱的时候,你才会远离一切浮躁和矫情。因为那些又忙又有钱的人,绝不会把时间花在无用的情绪上。"

举个大家耳熟能详的例子,李嘉诚先生坐拥亿万资产帝国,却依然坚持每天读书、看报,以了解年青一代的需求和时代发展的动向。在一个1分钟的自我介绍短片中,他是这样描述自己的:我是李嘉诚,12岁就开始做学徒,还不到15岁就挑起了一家人的生活担子,再没有受到过正规的教育。当时我非常清楚,只有努力工作和求取知识,才是我唯一的出路。我有一点儿钱都去买书,记在脑子里面,才去再换另外一本。到我今天来讲,每一个晚上,在我睡觉之前,我还是一定得看书。

很多时候人们对于得到总是抱着一种"立竿见影"的想法,总想着听一堂课或参加一次学习就能获得多少有形的或物质上的收获。而不去想,学习这件事本身所带来的财富和能量。

每个人站的高度不同,格局也不同,因此,吸引到的能量和财富也有高低之分。

有一个流传甚广的笑话,说的是中秋期间甲给乙送去一盒月饼,乙一转手又把它送给了丙,接下去丙又拿去送给丁……转一圈下来,这盒月饼又重新回到了甲的手里。

这样的笑话真的有可能发生——如果"一盒月饼"替换成"钱",那么这样的流转故事其实每时每刻都在发生。

一盒月饼从甲的手里出发,最后又回到了甲的手里,那么,是否真的又回到了起点?看似谁也没有占到便宜,其实每个人都有收获,无论如何,送出去的都是情意,所以每个人都在表达并收获着这种情意。我想这就是联结的意义。

我们无论是在课堂上或看书学习关于财富的知识,还是有意识地去建立人脉、学着训练自己的财商,事实上我们都在与同频的人联结,或许是对方感受到了你的能量,也或许是对方带给你财富的启示,总之,彼此都有收获。

而金钱和财富,就是一种联结手段。参考宇宙的普遍规律,我们就能了解到一个冷酷的现实:金钱并不是"目的",它仅仅是一种"手段"而已。

金钱,是一种"联结"手段,一种能使人达至"大格局"的手段。

如果回顾金钱产生的历史,就不难得出这样的结论。

在人类社会早期,大家自力更生、自给自足,并不存在部落与部落之间的交易,因为富余的生活资料实在少得可怜。慢慢地,生产力有了发展,生活资料渐渐充裕起来,甚至偶尔还会有些富余,于是交易的需求产生了,人们开始把富余的粮食、牲畜、饰品等进行交换。同时这也意味着人的"格局"开始变大了。

比尔·盖茨捐款580亿美元,挽救了600多万人的生命,脸书创始人扎克伯格夫妇把财富的99%捐献给社会,股神巴菲特早在2006年就将大部分财富捐给慈善基金会。这就是舍财得财,是放大个人格局最好的诠释。他们用慈善行为放大财富的格局,那么财富自然而然就会受到这种大格局、大能量的吸引而自动产生联结。

时至今日,财富无论是以何种形式存在(金银、珠宝或纸币等),其实都承担着类似的功能——能够放大我们自身的格局,使我们满足自身需要时"不再受到时空的限制"。

财富"通用性"的最终目的,仍然是让我们把"自己的劳动"和"别人的劳动"相互"联结"起来,能够以"大格局"的方式生存。

总之,我们每个人都需要怀着对财富的崇敬与渴望,放大自己的格局,去联结周围的一切,进而获得更大的财富。

第十二章
个人投资策略和方法

投资和你想的不一样

确立投资目标是关键

　　王健林先生曾经在接受采访时说过一句话:"先定一个小目标,挣它一个亿……"一时间,这句话被传为佳话也被称为最励志的笑话。这只是富人的小目标,但一个亿在普通大众眼里却是天文数字,很多人穷尽一生都难以达到。抛开这个目标实现的难易程度不谈,财富大佬这样的言论却是值得每个人学习和思考的。这说明,无论做什么,有目标才是关键。学习有学习的目标,投资有投资的目标,只有制定了目标,才更容易成功。

　　比如,投资大师知道他为什么投资(他知道自己的目标):他在追求精神刺激和自我实现。

　　人的生命不能没有一个明确的目标和方向。目标与方向主导了人的命运与成就,它是驱使人生不断向前迈进的原动力。若一个人心中没有一个明确的目标,就会虚耗精力与生命,这就如同一个没有方向盘的超级跑车,即使拥有最强有力的引擎,最终仍是废铁一堆,发挥不了任何作用。

　　做投资也是这个道理,从现在起想到 5 年乃至 10 年之后自己想要变成什么样的人,并且从当下就开始付诸行动。比如,如果想在 5 年之后拥有属于自己的一辆车,那么从现在起就要每年最少存两万元,5 年之后才能买得起最普通的私家车;如果想在 5 年之后拥有一门手艺，那么从现在起每年都要收集与这门手艺相关的资料和知识并不断学习和提升，那么5年之后才有望跨进这门手艺的门槛；如果想在5年之后晋升为部门经理，那么从现在开始就要努力工作，精益求精，向部门经理那个职位发起冲刺，用最敬业的状态去做出良好的成绩，5年之后才有可能晋升甚至超越部门经理这个职务。总之，目标无大小，只要不是喊口号，而是去实践，最终都会收获不错的回报。

美国作家金·佩雷尔写的《执行力特质》一书中，有个故事值得大家借鉴：

佩雷尔在书中强调确定目标并积极执行的重要性。她认为执行力可培养，可锻炼，每个掌握它的人，都可以改变自己的人生轨迹。23岁的时候，佩雷尔已经成为部门经理，手握互联网公司百万股票，感觉自己站在了世界之巅。10个月后，互联网泡沫破灭，佩雷尔和她的公司一起破产了。一夜之间，她的职业生涯好像被按下了删除键，职业身份、未来发展和收入，统统清零，手中的股票变得一文不值，那段日子简直糟透了。跌入谷底的佩雷尔发誓要做出改变，不再重蹈覆辙。她开始重新思考，自己追求的到底是什么。失败的经历让她转换了思路——靠自己去创造，比财务自由更重要的是，掌控自己的命运，她希望在海滩边，能够和丈夫一起建立家庭。于是，佩雷尔把自己想要的东西列了一个清单：自由、做自己的老板、掌控自己的命运。有了清晰的愿景后，她设定了具体的目标，开始了通宵达旦的创业生涯。结局很美好，她实现了财务自由，也掌控了自己的命运。当回望自己如何实现成功的时候，她发现执行力的第一步，就是确定自己的愿景或者说是目标。

投资和你想的不一样

　　如果一个人习惯朝九晚五的上班生活，整天上班、下班，日复一日，任凭岁月消逝，并且满足于这种状态，那么他一定成不了富翁。一个积极的、想要赚钱的人，绝不以温饱为满足，一定想要生活多彩多姿，天天充满赚钱的动力。具备了这个要件，再苦、再累的工作，都会心甘情愿地去做，久而久之，财富自然会越来越多！

　　为什么世界上只有20%的富人，却有80%的穷人？这是因为普通人都容易满足现状，或者对自己的人生目标模糊不清，即使偶尔有人定了目标，也由于各种情况而让目标无法完成。如果一个人对自己想要什么非常明确，就会清楚地知道如何才能实现目标，从而付出行动，最终实现目标。研究表明：大约只有3%的成年人拥有明确的目标，并把目标用书面化的形式记录下来。

　　当一个人把自己的目标白纸黑字地写出来的时候，等于给自己的目标加强了信心，使目标更清晰化、具体化。

　　明确的书面目标对一个人的思想有不可思议的影响力和提醒功能。它能激励制定目标的人不断采取行动。要知道，目标是"成就"这座大熔炉中的燃料。你的目标越长远、越明确，你实现目标的过程就会越充满激情。

　　只有拥有目标的人才知道自己将去向何方，它是人前进道路上的路标，指引人走向目的地。

积累资本与节俭生活

投资是当今时代一个时尚又永不过时的话题,带给人诸多改变。有的人靠投资摆脱了朝九晚五的上班生活,有的人靠投资收获了美满婚姻,有的人靠投资实现了财务自由,更多的人依托投资兴旺了家族,打破了"富不过三代"的咒语。

从一定程度上讲,投资是检验一个人综合能力的最佳方法。投资的成败,不仅与投资者专业能力和资金实力有关,也与家庭氛围、身体状况、性格特点、心理素质以及人品素养、个人财务状况以及投资特点等多方面的因素不直接相关。

比如,身边有很多刚工作不久的年轻朋友在财富准备阶段就想要迫不及待地赚取"第一桶金",不顾自己的财务状况就盲目接触和实施投资,致使出现投资失误。

这种不明智很容易导致后来经济状况越来越糟,一旦出现入不敷出,就会让自己背上债务。

所以,投资首先要关注的是自己的财务状况,然后根据自己的实际情况进行有效布局和投资管理。在没有资本的时候不要想着投资,而是要进行资本的原始积累,然后根据自己的实际财务状况进行理智投资。

资本原始积累的过程,就如同《西游记》中去往西天取经的过

投资和你想的不一样

程。《西游记》中观世音菩萨与孙悟空有过一段对话,大意是悟空问此去西天多少路程?菩萨答:十万八千里。悟空道:走路多麻烦,俺一个筋斗云就把真经取回来了。菩萨则答:"唯有走着去取,方能修成正果。"悟空只想着把经书取回就好,菩萨则遵照佛祖指示要让师徒历经九九八十一难,用心感受一路艰辛,如此才能考验他们的虔诚。

一个人资金积累的过程,同样也是感受成长的过程。如果自己没有过多的资金而是靠着别人的钱去投资,那么取到的经也不是"真经",如果投资不成功的话,不但自己背负债务,还会降低其他人的生活质量。因此,在决定投资的时候,一定要想想后果,自己和自己投资相关的人是否能承受万一投资失败带来的后果。

投资大师曾给出投资忠告:只有花的钱少于赚的钱,你才可能积累资本。可以说,这是富人区别于穷人的财富观。这也是财富的基础,是通向富足的唯一必由之路。

资本与财富是两个概念。比如,一个人有1万元,这是他的"财富"。如果他维持生计需要6000元,那么他可供投资盈利的钱就剩下4000元。而这4000元,就是资本。假如他生活更节俭一些,生活开支费用降低到3000元,那他就有7000元资本。用于投资再创收的那一部分财富就是"资本"。这两个概念区分清楚后,结论就出来了:资本的原始积累需要靠生活的节俭。

我们都知道很多已经实现财富自由的人,生活上并不奢侈,比如俞敏洪在接受陈鲁豫专访的时候,就选择在办公室吃盒饭而没有去高级饭店吃大餐;股神巴菲特最喜欢吃的早点就是自己带一份三明治或汉堡加一杯可乐,一边吃一边看报纸;华为总裁任正非经常坐公共交通出行，和员工一起排队吃工作餐；吉利董事长李书福平时穿的皮鞋，价值只有 80 元，穿的衬衣也非常普通，但李书福却给自己的员工配备了舒适的宿舍，自己住在旧房子里；美国的比尔·盖茨是世界富翁，但他没有自己的私人司机，公务旅行不坐飞机头等舱却坐经济舱，衣着也很朴素，不仅如此，他还对打折商品感兴趣，从不用钱来摆阔。

真正的富人，他们往往在生活上勤俭节约。他们认识到钱是来之不易的，不能乱花，不能生活得太过奢侈。

而与此相反的是，有不少本身没有任何原始资本积累的人，甚至还有一部分人在花父母的积蓄，却买奢侈的东西，到处张扬自己很有钱，很时尚，今天换个苹果，明天背个 LV，其实这些人并不是真正有钱，都是为了炫耀自己内心的空虚，把外表包上一些美好的东西来掩盖自己内在思想的贫穷和匮乏。

当然，节俭的生活是积累资本的前提条件，也只是其中一个条件，另一个条件是必须要勤劳。先靠勤劳去赚钱，才能有机会通过节俭来省钱，最后达到拥有原始积累的目的，之后再去考虑如何投资。

"靠天靠地不如靠自己。"我们的父辈祖辈们经常把这句话挂在嘴边，用它来教育自己的子孙。这不单是生活箴言，也不单是古训，更是每一个生命值得骄傲的事实。我们最大的敌人不是别人，往往是我们自己。如果我们能够做到勤由俭入、富由己修，那么相信无论做什么投资都会收到不错的回报。

操控金钱还是被金钱操控

人们只有通过投资去实现身心快乐和财富自由，才能安享美好人生。人一辈子是由时间节点连成的长河，如果时间就是金钱，那么投资就是一辈子的事。人一生中什么都可以推倒重来，唯有时间不能。所以，投资是一件既争朝夕又争长远的事情。朝夕是说，投资让每个人重视活着的当下，长远则是让人用时间来成全财富的保值增值。

投资与金钱有关，但更多的是与心理有关。投资离不开"花钱"，但花钱却是一门艺术。人人都会花钱，但不一定人人都能正确对待金钱。金钱影响一个人的心态、情感和行为，而且这三个方面以有趣而又奇特的方式相互联系、相互融合、相互排斥。同样是面对金钱，有钱人容易操控钱，穷人更容易被钱操控。这里面暗含着一场金钱与心理的博弈战。

金钱是把"双刃剑"，既能给人带来丰厚的物质享受和精神愉悦，也能让人因对金钱的过度欲望而被金钱奴役。人去掌控金钱还是让金钱掌控人生，这是完全不同的两种情况。

网上有一个段子，说不同地方的人对"钱"的态度是不同的：

云南人把赚钱说成"苦钱"。想来云南地处边疆，山多地少，自古以来老百姓谋生不易，是挺"苦"的。

安徽人把赚钱说成"挣钱",大部分的人都认为,钱难挣,屎难吃!

广东人把赚钱说成"找钱"。他们有一句俗语是:钱是四脚的,人是两脚的。钱找人容易,人找钱困难。

浙江人把赚钱说成"来钱"。每个浙江人心中都没有挣钱、攒钱这回事,似乎"怎么来钱快"这种观念已经融入他们的血液。

当然这个段子里有戏谑和调侃的成分,但仔细想想不难发现,一个人对金钱的看法决定了自己是穷人思维还是富人思维,也决定了一个人投资视野的宽度和高度,同时决定了一个人是被金钱操控还是能够操控金钱。

钱虽然不是万能的,但毋庸置疑,钱可以为生活带来很多改观,甚至能够让人实现很多梦想。但如果眼里只有金钱而把生活当成了苟且,那么人生也会变得枯燥很多。

有人为了赚钱抛弃了所有的梦想和爱好,工作的目的就是挣钱,生活的一切都围绕着钱转,不敢期待未来的经济收入有大的变化,被动接受命运。认为自己的能力就是这样,生活没有多么大的起色,能按部就班挣钱就是很好的生活。也有一部分人认为自己不论多努力也只能挣这些钱,于是不敢花钱,不敢消费,甚至连一些最基本的生活必需品都一省再省。

这样做使得人就像金钱的奴隶,拼死拼活只是给金钱打工。我们不能被金钱所束缚,要明白,钱只有在使用时才会产生价值。人一旦钻进钱眼里,就是把自己送进了陷阱。人生需要金钱,更需要快乐,有了金钱也许会有更多的快乐,但用快乐去换取金钱可能就不值得了。

投资和你想的不一样

尤其是当我们已经有了一定的经济基础却依然不敢停下，依然在"熬着最长的夜，损耗着最大的健康，期望下个月挣得更多"，这无疑就变成了金钱的奴隶。

小说《茶花女》中有一句名言："金钱是好仆人、坏主人。"是做金钱的主人，还是做金钱的奴隶，这反映了两种不同的金钱观。而你对金钱的态度，又和你的人生观紧密相连。

要时刻谨记下面两条规律：

我为钱而工作——人挣钱：人是钱的奴隶！钱做人的主人！

钱为我而工作——钱生钱：钱是人的工具！人做钱的主人！

我们在用自己的双手创造财富的同时，也要学会利用金钱放松自己，不要忘了自己的个人爱好，能在赚钱的同时停下脚步花时间陪陪家人，让生活变得丰富多彩、富有情趣，心灵才会更加舒畅自由。

下面是我总结的几条通往财务自由、实现快乐生活的方法：

一是要敢于正视自己对金钱存在的担忧或恐惧，并积极面对自己的财务状况，自己无法找到突破口的时候要勇于学习和请教投资专家。对钱担忧没什么可怕，可怕的是明明有了财务危机却羞于启齿。

二是要为自己所爱的人思虑周全。父母、爱人、孩子，他们是人生中最重要的财富，安排好自己的经济就是对自己所爱的人最好的保障。你要有未雨绸缪的打算，包括疾病和死亡，为你爱的人承担你应尽的义务。

三是要了解金钱流动的意义。解放金钱，让它自如流出去，实现金钱的循环。这并不是说你可以随意花钱，钱花得好是有技巧的，至少你可以让钱为你工作，比如实现你的美好心愿。

四是要有好心态面对资金起落，以积极的态度对待，既不以赚到钱而惊喜，也不以短期赚不到钱而悲观。要懂得顺应资本市场的运作规律，让钱"奔跑"起来，学会让钱为你打工，要明白，安于现状求温饱才是最大的风险。俗话说，人闲生锈，钱闲贬值。

第十三章
投资的最终目标

投资的真正目标是规划未来

根据经济学上的定义，投资是指牺牲或放弃现在可用于消费的价值，以获取未来更大价值的一种经济活动。

根据哲学上的定义，投资是像《史记·货殖列传》中说的那样："无财作力，少有斗智，既饶争时。"意思是：在你不拥有财力的时候只能靠体力去赚钱，在你财力不足的时候就要靠智力去赚钱，在你财力雄厚的时候就要靠对时机的把握来赚钱。用现在的观点来看，这算是最早的"投资"哲学。

经济学上的观点，投资重在"投"，包括投什么产品、投多长时间、投多少资金。而哲学上的观点，投资重在"赚"。投资的根本目的是使财产增值，让投资者能获得较可观的收益，它具有一定的风险，人为因素影响较强；而"赚"的根本是使自己增值，使个人能够最大限度地实现增值，最终实现智慧性地使用财产。

经济学上的投资的资本可以通过节俭的手段增加，如每个月工资收入除去日常消费等支出后的节余；也可以通过负债的方式获得，如借入贷款等；还可以采用保证金的交易方式以小博大，来放大自己的投资额度。在我看来，哲学上的投资则是对自己的更科学、更长远的规划。

大家都知道，对于一个人来说，知识是资本，健康是资本，阅历是资本，眼界和见识也是资本。如果善于在这些方面来规划和提升自己，那么无疑就会使自己增加很多隐性和显性资本，如此我们在生活中就会少一些风险，多一些收益。

第一，未来的规划来自健康。网上很多段子调侃，据说第一批90后已经秃了，他们一边熬夜一边敷面膜涂眼霜，喝啤酒要加枸杞，吃辣条要喝金银花，就连抽烟都必须来个润喉片，在作死与养生之间扑腾挣扎。很多人"拼爹拼妈不成，就开始了拼命模式"。殊不知，如果没有提前合理规划自己的健康，给自己进行全方位的健康投资，那么是不可能"有命可拼"的。恰恰是在最青春年华时卖命，到了中老年，甚至有的人都到不了中老年，就已经失去了健康，甚至失去生命的也大有人在。

身体是唯一的资本，需要认真呵护、用心管理，前半生拿命换钱后半生靠钱续命的故事我们听得太多了。

人一辈子除了身体什么也不是你的，财富只是在有生之年让你管理几十年，你走了，财富就换主人了。健康是1，财富、名利、地位、声望是后面的0，如果本末倒置，用尽全力去投资后面的0，却忽略了最该投资的1，往往会面临巨大的风险，甚至连回本的可能都没有。一个人活着当然需要学习、工作，需要积累属于自己的个人资产，但切记要把健康放在首位，对自己的身体健康进行投资。等到10年、20年甚至更长的时间以后，相信你一定会为自己投资健康这样明智的选择而感激自己。有了健康，才有了许多其他东西可拼的机会。

第二，未来的规划来自格局。格局是什么？是一个由多元因素组成的综合实力。比如,能够立足社会的一技之长、超乎常人的视野、一个好的形象等,这些组合起来就是格局。

每个人的格局都不一样。你究竟是要给自己的人生画个圈,还是要把它建成一个广阔的舞台,完全由你自己决定,完全由掌握在你手中的人生格局来决定。我们必须相信,自己就是有这种本事,能把设想出来的人生变成现实生活,成为自己想要成为的人,过上自己想要过的日子。这绝不是异想天开地要去建造一座空中楼阁,而是立足现实,凭借格局的智慧,一砖一瓦地为自己建一座金碧辉煌的人生殿堂。格局关系到一个人的生存状态和生活方式,小到每一次的待人接物,大到对某个重大事件做出决策。总之,格局的高低决定结果的不同。我们在谈到一个人的成功时,往往会联系到他的人生格局;提及失败的时候,往往也是从人生格局入手寻找问题的根源。这是为什么呢?因为格局体现了一个人对这个世界的看法,以及在相关意识形态指导下产生的现实表现,这些都直接决定着一个人人生的最终结局。

如果在技能、见识和形象上提升自己,这就是为自己的格局投资。在格局投资方面有很多可行之法,如旅行、读书,以及去见识最先进最高级的东西……总之,你得知道世界有多大,在以什么方式运转,现在是个什么趋势。这样你在做决策时,正确率会倍增。

我最爱做的事情就是旅游,走遍世界,看遍形形色色的人是我的梦想。最近去了一趟肯尼亚,彻底改变了印象里对非洲的认知,真实的肯尼亚并不是我们想象中的那般炎热、脏乱差穷、内乱、暴动。肯尼亚海拔大约在1600米以上,即使夏季气候也非常凉爽,全年最高气温 28℃左右。进入 21 世纪，非洲各国都开始重视经济发展，内乱、暴动仅在个别地区偶见，但规模就像两伙人打群架，皮卡车都算是重型装备了。总之，肯尼亚境内还是相对安全的，没有大的内乱。肯尼亚的贫富差距很大，当地的酒店很多都是英国人留下的，其服务和设施都相当考究，但一般的工人薪水却相当低，一天仅有 5 美元。

走过的地方多了，看的人和事物多了，思维和眼界自然也就宽阔了。但如果仅是道听途说，没有亲自经历，我可能会局限在自己狭小的视野中自以为是。

所以，任何时候都不要以为自己很牛，只有不断提升自己的格局和视野，才能在认知上不断获得突破和提升。

第三，未来的规划来自思维。先讲一个小故事。2004 年，马化腾获得了"中国经济年度新锐奖"，颁奖嘉宾有海尔集团首席执行官张瑞敏。颁奖典礼上，张瑞敏说，如果马化腾能够说服他使用 QQ，就愿意投资腾讯。马化腾很激动，在介绍 QQ 时强调了三遍："这个东西可以满足你在未来互联网的需求。"然而，张瑞敏不为所动，坚定地表示自己不会使用 QQ。如今海尔市值约 1133 亿元，远低于其主要竞争对手格力（3525 亿元）和美的（3750 亿元）。

当然这里引用这个故事的目的不是说张瑞敏没有眼光，作为家电行业的大佬，他肯定有自己的思维。换个角度、换个思维来看，如果当时海尔投资了腾讯，收益一定会更可观。

所以，任何时候我们都不能忘记"新事物"代表的是一种新的趋势和新的经济状态，如果能用新的思维或者换个角度来看待它，

投资和你想的不一样

那么,说不定就赶上了真正的"风口",变成了飞起来的猪。

投资界有一个很现实的矛盾是:当一个利好的投资项目被广大群众认知的时候,基本上已经错过了最好的时机。所以,在投资的过程中,不断培养自己的独立思维至关重要。

给自己一点想象的空间。许多人都已经习惯性思维,如果遇到事情,先自己去思考和分析,就会逐渐提高自己的独立思考能力。所以,学会质疑传统理论和当下的共识,反其道而行之,认真对待新事物,在投资过程中也是一个值得深入研究的思维方式。

第四,未来的规划来自人脉和圈子。有句话是这样讲的:富人喜欢混圈子结交朋友,穷人喜欢走亲戚拉拢人情。亲戚的纽带是血缘和通婚,人脉的拓展则靠社会交往。富人所在的这个圈子里,大部分人具有高超的生存智慧和获取财富的本领。他们在一起交流生意,探索致富之道,相互激励、相互帮助,共同分享信息、资源,互通有无、取长补短。可以说,生活在这个圈子里,想不富都难。

要知道,任何时候都不是靠单打独斗就能成功的,尤其是互联网社会,跨界融合成为新常态,更需要扩大自己的交际圈和人脉圈。

在盘点人脉关系前,不妨先冷静地问问自己:你对别人有用吗?你无法被人利用,就说明你不具有价值,你越有用,就越容易建立坚强的人脉关系。很少有人能和与自己地位相差太远的人建立真正的人脉关系。

另外,当你知道自己有了"利用"价值之后,还要与其他有价值的朋友产生联结,这样才能传递更多的价值,形成一个价值闭环，彼此受益，使圈子越来越大。

如果你只是一个接收或发出信息的终点，那么人脉关系产生的价值是有限的。但是，如果你成为信息和价值交换的一个枢纽，那么别的朋友也更乐意与你交往，你也能促成更多的机会，从而巩固和扩大自己的人脉关系。所以，寻找并建立自己的价值，然后把价值传递给身边的朋友，促成更多信息和价值的交流，这就是建立强有力的人脉关系的基本逻辑。

最好的投资是实现个人价值增长

巴菲特说，人生最好的投资，不是房子，不是股票，而是自己。只有不断地投资自己，提升自我价值，才是个体挖掘自身潜力的重要方式。那些最终能够做好投资的人，都是思考过自己人生的人。

任何人生的规划都离不开财务规划，无论想实现什么样的目标，过上什么样的生活，很大程度上都在于对财务的规划，也就是赚多少钱的问题。人生规划都是和财务相关的，人生的目标也是通过财务指标实现的。回到我们自己身上，可以发现，最好的投资，是投资自己，实现自我价值的最大化。

一个人的价值到底由什么决定？如果把个人看作"商品"，那么这个商品的价值是什么呢？商品经济时代，一个人价值的体现其实就是其能力的体现，而一个人的能力不放在市场上是没有任何价值的。从这个角度看,一个人的"能力",说白了其实就是"商品"价值。

我们以一个小故事为例:

假如,开个小饭馆,每个月能赚 1 万元,雇一个厨师每个月需要 8000 元钱,饭店净赚 2000 元,大部分人会选择自己干,因为觉得这样省钱,甚至会让自己的老婆收银兼做服务员,让自己的父母去采购。这样不但放心,似乎感觉利润也高。但是有个隐性的损失就是失去了很多陪伴孩子的时间,自己永远没有休息时间。反过来,如果选择雇一个厨师,那么每个月净赚 2000 元以后,不但自己和家人的时间腾出来了,有 2000 元的净利润,去贷款每个月还 1000 元的利息就可以再盘一个店。以此类推,每个店每个月挣 1000 元,如果盘下 10 个店也就可以挣 1 万元。但个人时间没有搭进去,可以游山玩水,有人给你赚钱,你就成了靠资本赚钱的人,而不是靠自己赚钱的人,这就是一种个人价值的实现。更重要的是,这只是一个雏形,拥有这样的赚钱思维以后,就可以开 50 家店、100 家店,甚至 1000 家店,利润也会越来越多。这样公司就有了资本价值,而你开始赚整个公司的估值,有了它你就有了在资本市场上的定价权。如此你赚钱的逻辑就发生了很大的变化,自己的个人价值也得到了实现。你在游山玩水,你的店和你的钱为你源源不断地生钱。

拥有这样思维的人,好利来总裁罗红做得最好。他自我标榜说自己是"好摄之徒"。他经过了前期的店面扩张之后,就成了一个甩手掌柜,拿起相机,走出那间发号施令的办公室,用镜头记录下世界各地的美景,开拓视野的同时,还开拓了另一种人生状态。

财富没有变成他的负累,相反成了助手,他可以玩几百万元的相机;可以每小时高达1600美元到2000美元的租金,去租一架直升机拍非洲大草原;可以住豪华别墅、开豪华轿车、抽上等雪茄、喝高级洋酒;等等。也许不少人会认为这是一种炫富,但是如果没有实现投资自己的前提,如何炫富呢?如果一个人总是兢兢业业盯着自己企业的那一亩三分地,哪还有自己的时间去创造更多的可能呢?

　　中国很多民营企业家其实不太明白这一点,尤其是那些家族式企业,成天提防着公司内部派系之争,生怕雇用的经理人抢去了自己的权威甚至财产。他们已跟现代商业意识隔绝了,骨子里流淌的仍是传统人情世故的血液和思维,脑袋里想的还是古老王朝的宫廷政治。

　　很多非常成功的企业家,他们知道个人价值和企业价值同样重要,甚至个人人生价值的实现要高于企业价值,于是,他们每天都会用一段时间进行冥想或深度思考,以重塑自己脑中的战略布局。什么都不做,静静地度过一段宝贵的时光,让自己这块"电池"得到更新。

　　我们看一下从古到今,有多少人实现了个人价值的最大化。

1. 曾国藩:30岁后开始脱胎换骨

　　30岁前的曾国藩人生目标只是功名富贵、光宗耀祖。他在结识了不少良友之后,检讨自己,不觉自惭形秽,遂毅然立志。正是在30岁这一年,曾国藩立下了"学作圣人"之志。

　　曾国藩给人们立下了一个标杆和价值观,那就是,一个人可以被陶冶改变。如果一个人真诚地投入自我完善,那么他的本领就会增长,心脑也会更宽广,气质也更纯洁。

2. 马云:父亲最得意的作品

马云的成功离不开自己的父亲马来法。在浙江省曲艺界,马来法是个大名鼎鼎的人物,是浙江省曲艺家协会第四、五届主席。他对马云的影响很大,也在背后给了马云很多支持,虽然外界对马来法知之甚少,但其儿子马云无疑是父亲最得意的作品。

3. 任正非:用不懈的耕耘得到了丰硕的成果

任正非作为华为的掌门人,有着人格魅力,这份魅力不是因为他是一个企业的最高领导人,而是因为他有着军人的生活方式和处世态度,不问收获只问耕耘。他自己说,农夫要耕耘才会有收获;建筑工人不惧日晒雨淋,才会有城市的美好;没有炼钢工人在炉火旁熏烤,就没你的潇洒美丽,就没你驾驶的汽车;海军陆战队员不进行艰苦顽强的训练,一登陆,就会命丧沙滩。少壮不努力,老大徒伤悲……所有的一切,没有付出,是绝不会有收获的。所以,才有了华为,有了人们津津乐道的华为精神。

4. 稻盛和夫:我要把伙伴变成经营者

作为经营之父,稻盛和夫享誉全球,他不但成功扭转了日航的局面,同时用"敬天爱人"的思想激励和引导了众多的创业者和企业家。他用强大的人格魅力和经营管理理念,将众多的合作伙伴变成了经营者,才有了后续的"阿米巴"经营模式。

"阿米巴"的成员都要明确自己所属阿米巴的目标,并为实现这一目标各尽其责。这样，员工的个人能力也会提高，工作也变得更有意义。实现这个目标的前提是公司全体成员要拥有普遍的经营哲学。

看了这些各个领域的成功人士，我想说，一个人无论是要自我完善，还是要创业造福大家，无论是放手一搏得到收获还是给一个团队带去福音，这都是个人价值的真实体现。无论哪一部分出色，都会带动其他部分的辉煌。所以，真正的投资是投资人生，不虚度时光，也不让自己被金钱所累。故而，在追求财富最大化的路上，个人价值的最大化才是真正的成功。

完全实现财富自由

什么是财富自由？其实概念并不重要，财富自由是投资的终极目标，是将财务的约束力降到最低，寻求个人身心最大限度的自由。

一般来说，财富自由是指非工资收入大于总支出，不依附于某份固定工作。当你有足够高的净资产来抵抗风险时，不需要从事某项劳心的工作，但是依然可以维持现有的生活水准，不会因为不工作就立马陷入窘境。

财富自由往往是衡量一个人内心自由的标尺。如果不工作就无法生活，那么肯定不自由。所以，一个人无须为生活开销而努力工作的状态就是财富自由。

投资和你想的不一样

常听朋友说,等我赚够了钱,我就辞掉工作去周游世界,去过面朝大海春暖花开的生活;在乡村盖个小别墅,呼吸新鲜空气,种二亩闲田,从此过上闲云野鹤般的生活;睡觉睡到自然醒,采菊东篱下,悠然见南山,关掉手机过悠然自得没人催逼的生活……这些话,诠释的都是一个理想,那就是"自由"。

有人调侃,财富自由无非就是天天除了数钱就是花钱呗。实际上,这是一个极大的误区。我理解的财富自由应该是:以百分百的热情,一半投入到工作,一半投入到生活,工作可以挣钱,生活需要花钱,当工作挣钱大于生活花钱,这就是财富自由!说得通俗一点,就是使劲挣钱使劲花钱还没花光,这就是财富自由。"财富自由"对一个人来说,并不是意味着他"获得了多少钱,买了多少东西",而是意味着他"不再牵挂钱的问题"。

也就是说,想要实现财富自由,就要把你的财富组成一个能够自行运转的良性系统,如此,你的财富就会源源不断地给你提供新的产出,在你享受财富带来的乐趣的同时,也不必担心自己会"坐吃山空"。

我们举个简单的例子来说明一下:

比如,二线城市的某先生的财富主要来源是工作。该先生选择了一个收入较高的行业——房地产行业,享受了房地产行业快速发展的红利,而且他的妻子也从事这个行业。从事房地产行业不仅让他们完成了财富自由的原始资金积累,而且让他们完成了优质固定资产的配置。该先生的年工作收入估计为100万元。这对于二线城市的人来说,是很不错的了。该先生将每年的收入进行了多渠道的投资,获益丰厚,甚至远远超出工作收入,打破了工作收入增长的天花板。最终，这位先生实现了人们口中所说的"财富自由"。

但我还要引申一下，我认为真正的财富自由不是单纯有钱。因为，有钱人同样会面临生活、工作上的不如意，随着收入的增加，随之而来的是更大的经济压力，更多需要满足的欲望和更多需要完成的事。

所以，我们要追求的是一种财富和精神上的自由。比如有很多有钱人说过，他们希望有更多的时间来做自己喜欢的事，而不是为了挣钱而挣钱，这就是一种财富自由与精神自由相统一的境界。有些富翁，他可以穿着布鞋拿着冰棍与人谈笑风生，也可以随心所欲地写书法、画画，学歌剧、拍电影等。这些无不充分体现了财富自由与精神自由。

除了有钱人之外，生活中有些人，也许他们没有很多钱，但是他们心境平和、身心健康。他们明白金钱的重要性，因为金钱的附加价值可以带来精神的自由。他们追求金钱，但却从不会被其束缚，懂得"想要"和"需要"之间的区别。他们懂得合理使用金钱来享受生活、体验生活，实现生活目标。

财富自由跟你是否年轻或有多少钱无关。如果你能通过本职工作以外的途径赚到足够自己日常开销的钱，那么你就实现了财富自由。

因此，真正的财富自由不是钱的自由，而是人的自由，这种自由是懂得平衡欲望和金钱之后达到的状态。

后 记

莎士比亚说:"生存还是毁灭,这是个问题。"我们选择不了出生,却可以选择如何去生活。

人生就像是一场游戏,你可以只走主线的安稳平淡,也可以去挑战各种副本的光怪陆离。虽然最后取得成功的人寥寥无几,但敢于挑战却让生活多了更多的可能。

人生就应该是充满挑战的,投资就是一种最原始、最本真的挑战。这世上还有很多未知的领域值得我们去探索和尝试,要知道,山顶的风光永远要比山下的风光更加壮阔旖旎。

当下,绝大部分人都屈服于车房、工作和日常的琐碎,把那个"真实的自己"包裹得严严实实,藏在意识的最深处甚至还贴了一张无开放期限的封条。日日混迹于江湖,游走于人情世故之间。太多忙于过双十一、忙于过节假日、忙于省高速费用的人。人这一生,最难的就是活出一个完整的自己。

而那些能够做到持续不断成功的人则不同,他们对待自己的工作或生活是与众不同的,他们通过投资自己和事业,做到了事业和生活的平衡,实现了财富自由。

所以,我希望每一个人在追求成功的路上,都能够保有一颗好奇心，然后带着勇气去付诸行动，追逐自己的愿望与理想。要明白，投资可以是多方位、多角度的，成功也是。无论是哪个领域的成功，前期都需要投资，做对任何一个方面的投资，都能走向"罗马"。

最后，祝愿亲爱的读者在看完此书后，能够有一丝收获和一丝内心的温暖。因为不管你在本书中收获了多少知识，我都会和你一同进步，一起探索。

参考文献

1.[印度]阿比吉特·班纳吉、[法]埃斯特·迪弗洛,景芳译,贫穷的本质.北京:中信出版社,2013.

2.[美]拉塞尔·H.康威尔,陈数译,有钱人和你想的不一样.南昌:江西美术出版社,2018.

3.[挪威]拉斯·特维德,董裕平译,逃不开的经济周期.北京:中信出版社,2012.

4.[英]亚当·斯密,陈星译,国富论.北京:北京联合出版公司,2013.

5.蔡垒磊.认知突围.北京:中信出版社,2017.

6.[美]霍华德·马克斯,孙伊译,投资最重要的事.北京:中信出版社,2015.

7.[美]彼得·考夫曼,李继宏译,穷查理宝典.北京:中信出版社,2016.

8.资料其他来源:百度、知乎、搜狐、微信公众号等网站最新资讯。